DR. OETKER

DIE BESTEN MODE TORTEN

LAMBADASCHNITTEN, FLIESENKUCHEN, ARANCA-SEKT-TORTE, BLONDES BLECH...

DR. OETKER

DIE BESTEN MODE TORTEN

LAMBADASCHNITTEN, FLIESENKUCHEN, ARANCA-SEKT-TORTE, BLONDES BLECH...

Dr. Oetker Verlag

Vorwort

Endlich ist sie da: Eine Zusammenstellung der Rezepte, die viele von Ihnen schon kennen und lieben, aber noch nie in Buchform in Händen gehalten haben. Backideen, die von Mund zu Mund und von Hand zu Hand bei jedem Kaffeeklatsch weitergegeben werden.

Wir zeigen Ihnen nicht nur, wie Sie einfaches Obst in raffinierte Torten verwandeln können oder wie Sie zur Superbackfee eines jeden Kindergeburtstags werden, sondern auch wie Sie mit einem kleinen Schuss Hochprozentigem oder einer ordentlichen Portion Sahne verführerische Torten und Kuchen zaubern können. So haben Sie für jeden Anlass eine kreative Back-Idee, mit der Sie Freunde und Familie zum Staunen bringen.

Kapitelübersicht

Kapitelübersicht

Freche Früchtchen

Hier warten Erdbeere, Banane, Kirsche & Co in raffinierten Verpackungen darauf, vernascht zu werden.

Erdbeer-Knuspertorte

Zubereitungszeit: 30 Min., ohne Kühlzeit

Insgesamt:
E: 63 g, F: 225 g, Kh: 294 g, kJ: 14926, kcal: 3563

Für den Tortenboden:

- **250 g weiße Kuvertüre**
- **100 g Cornflakes**
- **100 g abgezogene, gehobelte Mandeln**

Für den Belag:

- **750 g Erdbeeren**
- **250 ml (1/4 l) Schlagsahne**
- **1 Pck. Sahnesteif**
- **1 Pck. Vanillin-Zucker**

1 Für den Tortenboden die Kuvertüre in einem kleinen Topf im Wasserbad bei schwacher Hitze zu geschmeidiger Masse verrühren.

2 Cornflakes und Mandeln unter die Kuvertüre rühren. Drei Viertel der Masse in einer Springform (Ø 26 cm, Boden mit Backpapier belegt) verteilen und andrücken. Die restliche Masse in 12 Häufchen auf Backpapier setzen, beides kühl stellen und fest werden lassen.

3 Für den Belag Erdbeeren (einige Erdbeeren zum Garnieren zurücklassen) putzen, waschen, trockentupfen und halbieren. Den Boden aus der Form lösen und das Backpapier abziehen. Die Erdbeeren auf dem Boden verteilen.

4 Sahne mit Sahnesteif und Vanillin-Zucker steif schlagen und auf den Erdbeeren verteilen. Die Torte mit den zurückgelassenen Erdbeeren und den Cornflakeshäufchen garnieren.

Tipp:
Anstelle der Erdbeeren Himbeeren oder Brombeeren verwenden.

Mars-Birnen-Torte

Zubereitungszeit: 50 Min., ohne Kühlzeit
Backzeit: etwa 45 Min.

Insgesamt:
E: 72 g, F: 245 g, Kh: 489 g, kJ: 22802, kcal: 5449

Für die Mars-Sahne:

- **600 ml Schlagsahne**
- **3 Riegel Mars (à 60 g)**
- **2 Pck. Sahnesteif**

Für den Rührteig:

- **75 g Butter oder Margarine**
- **125 g Zucker**
- **1 Pck. Vanillin-Zucker**
- **3 Eier (Größe M)**
- **1 Pck. Geriebene Zitronenschale**
- **100 g Weizenmehl**
- **1 gestr. TL Backpulver**
- **50 g abgezogene, gemahlene Mandeln**

Für den Belag:

- **1 Dose Birnenhälften (850 ml)**
- **3 kleine Riegel Mars (à 20 g)**

1 Für die Mars-Sahne die Sahne mit den Mars-Riegeln aufkochen, bis diese geschmolzen sind. Die Masse in eine Rührschüssel umfüllen, mit Klarsichtfolie abdecken und über Nacht kalt stellen.

2 Für den Rührteig Butter oder Margarine mit Handrührgerät mit Rührbesen auf höchster Stufe geschmeidig rühren. Nach und nach Zucker und Vanillin-Zucker unterrühren, so lange rühren, bis eine gebundene Masse entstanden ist. Eier nach und nach unterrühren (jedes Ei etwa 1/2 Minute). Zitronenschale unterrühren.

3 Mehl mit Backpulver mischen, sieben und portionsweise auf mittlerer Stufe unterrühren. Mandeln unterrühren. Teig in eine Springform (Ø 26 cm, Boden gefettet) füllen.

4 Für den Belag die Birnen auf einem Sieb abtropfen lassen, in Spalten schneiden und auf dem Teig verteilen (12 Birnenspalten zurücklassen). Die Form auf dem Rost in den Backofen schieben.

Ober-/Unterhitze:
etwa 180 °C (vorgeheizt)
Heißluft: etwa 160 °C (nicht vorgeheizt)
Gas: Stufe 2–3 (nicht vorgeheizt)
Backzeit: etwa 45 Min.

5 Den Tortenboden aus der Form lösen, auf einem Kuchenrost erkalten lassen. Mars-Sahne mit Sahnesteif steif schlagen und kuppelartig auf den Boden streichen. Die Torte mit in Scheiben geschnittenen Mars-Riegeln und Birnenspalten garnieren.

Nektarinen-Mascarpone-Schnitten

Zubereitungszeit: 30 Min.
Backzeit: etwa 15 Min.
pro Backblech

Insgesamt:
E: 50 g, F: 285 g, Kh: 304 g,
kJ: 17043, kcal: 4073

- **450 g TK-Blätterteig**

- **1 Ei zum Bestreichen**

Für die Füllung:
- **200 g Mascarpone**
- **1 EL Zucker**
- **1 Pck. Vanillin-Zucker**
- **1 EL Orangenmarmelade**
- **200 ml Schlagsahne**
- **1 Pck. Sahnesteif**

Für den Belag:
- **500 g frische Nektarinen**
- **2 EL Orangenmarmelade**
- **1 EL gehackte Pistazienkerne**

1 Blätterteigplatten nebeneinander zugedeckt bei Zimmertemperatur auftauen lassen. Jede Platte, wenn nötig, auf der leicht bemehlten Arbeitsfläche auf eine Größe von 12 x 12 cm ausrollen. Kanten evtl. gerade schneiden.

2 Den Teig parallel zu den Rändern etwa 1 cm einschneiden, dabei jedoch zwei gegenüberliegende Ecken nicht durchschneiden. Die eingeschnittenen Teigränder diagonal über das Teigstück schlagen, so dass ein doppelter Rand mit zwei Schlaufen an den gegenüberliegenden Ecken entsteht. Diesen Teigrand dünn mit verquirltem Ei bestreichen.

3 Die Rauten auf mit Backpapier belegte Backbleche legen und mit einer Gabel mehrmals einstechen.

Ober-/Unterhitze:
etwa 200 °C (vorgeheizt)
Heißluft: etwa 180 °C (vorgeheizt)
Gas: Stufe 3–4 (vorgeheizt)
Backzeit: etwa 15 Min.
pro Backblech

4 Gebäck auf einem Kuchenrost erkalten lassen.

5 Mascarpone, Zucker, Vanillin-Zucker und durch ein Sieb gestrichene Marmelade verrühren. Sahne mit Sahnesteif steif schlagen und unter die Mascarponemasse heben.

6 Für den Belag Nektarinen waschen, trockentupfen, vierteln und entsteinen. Die Viertel fächerförmig einschneiden. Füllung mit Hilfe eines Löffels in die Gebäckteile geben. Fruchtviertel darauf legen.

7 Orangenmarmelade durch ein Sieb streichen, erwärmen und die Früchte damit bestreichen. Mit Pistazienkernen bestreuen.

Tipp:
Sie können statt frischer Nektarinen auch Pfirsiche aus der Dose nehmen.

Küsschen-Torte

Zubereitungszeit: 40 Min., ohne Kühlzeit
Backzeit: 15–20 Min.

Insgesamt:
E: 54 g, F: 184 g, Kh: 319 g, kJ: 13555, kcal: 3240

Für den Biskuitteig:

- **3 Eiweiß (Größe M)**
- **100 g Zucker**
- **3 Eigelb (Größe M)**
- **1 Pck. Vanillin-Zucker**
- **50 g Weizenmehl**
- **40 g Speisestärke**
- **½ gestr. TL Backpulver**
- **1 geh. TL Kakaopulver**

Für den Belag:

- **300 g gemischte TK-Beerenfrüchte**
- **50 g gesiebter Puderzucker**
- **1 Pck. Tortenguss, klar**
- **3 Blatt weiße Gelatine**
- **400 ml Schlagsahne**
- **10 Stück (etwa 100 g) Schoko-Haselnuss-Konfekt**

1 Für den Biskuitteig Eiweiß mit der Hälfte des Zuckers steif schlagen. Eigelb mit dem restlichen Zucker und Vanillin-Zucker mit Handrührgerät mit Rührbesen etwa 5 Minuten schaumig schlagen. Das steif geschlagene Eiweiß darauf geben und vorsichtig unterheben.

2 Mehl, Speisestärke, Backpulver und Kakao mischen, sieben und vorsichtig unter die Eimasse rühren. Den Teig in eine Springform (Ø 26 cm, Boden gefettet, mit Backpapier belegt) füllen. Die Form auf dem Rost in den Backofen schieben und sofort backen.

Ober-/Unterhitze:
etwa 180 °C (vorgeheizt)
Heißluft: etwa 160 °C (vorgeheizt)
Gas: Stufe 2–3 (vorgeheizt)
Backzeit: 15–20 Min.

3 Den Boden aus der Form lösen, auf einen Kuchenrost stürzen, das Backpapier abziehen und den Boden erkalten lassen. Einen Tortenring um den erkalteten Boden stellen.

4 Für den Belag die Beerenfrüchte mit dem Puderzucker bestreuen und auftauen lassen. Den Saft dabei auffangen und mit Wasser auf 250 ml (¼ l) auffüllen. Den Tortenguss mit dem Saft nach Packungsaufschrift (aber ohne Zucker) zubereiten. Die Beeren vorsichtig unterheben, auf dem Tortenboden verteilen und erkalten lassen.

5 Gelatine nach Packungsaufschrift einweichen. Sahne steif schlagen. Das Konfekt klein hacken. Die Gelatine ausdrücken, auflösen und mit dem zerkleinerten Konfekt unter die Sahne rühren. Die Sahnemasse auf den Beeren verteilen und glatt streichen. Die Tortenoberfläche nach Belieben mit Hilfe einer Gabel oder eines Tortenkammes verzieren. Die Torte etwa 2 Stunden kalt stellen.

Marshmallow-Erdbeer-Torte

Zubereitungszeit: 30 Min., ohne Kühlzeit

Insgesamt:
E: 36 g, F: 278 g, Kh: 307 g, kJ: 16769, kcal: 4010

Für den Boden:
- **150 g Butterkekse**
- **100 g Butter**
- **50 g Zucker**
- **50 g Vollmilchschokolade**

Für die Füllung:
- **500 g frische Erdbeeren**
- **500 ml (1/2 l) Schlagsahne**
- **2 Pck. Sahnesteif**
- **100 g Marshmallow-Creme Classic oder Strawberry-Fluff (Erdbeer-Geschmack)**

Zum Garnieren:
- **Marshmallows**

1 Für den Boden Butterkekse in einen Gefrierbeutel geben, verschließen und die Butterkekse mit einer Teigrolle zerdrücken. Butter zerlassen, mit dem Zucker zu den Butterkeksen geben und verrühren. Die Masse gleichmäßig in einer Springform (Ø 26 cm, Boden gefettet) verteilen und gut andrücken.

2 Die Schokolade grob hacken, in einem kleinen Topf im Wasserbad bei schwacher Hitze geschmeidig rühren, auf dem Boden verstreichen (am besten mit einem Pinsel) und fest werden lassen.

3 Für die Füllung Erbeeren waschen und putzen. 6 Erdbeeren zum Garnieren zurücklegen. Die restlichen Erdbeeren auf den Schokoboden legen. Dabei am Rand etwa 1 cm frei lassen.

4 Die Sahne mit Sahnesteif steif schlagen. Marshmallow-Creme erst mit 1/3 der Sahne verrühren, dann unter die restliche Sahne heben. Die Masse auf die Erdbeeren geben und glatt streichen. Nach Belieben mit Hilfe eines Teelöffels Vertiefungen in die Oberfläche drücken. Die Torte mindestens 1 Stunde kalt stellen.

5 Vor dem Servieren die Torte mit halbierten Erdbeeren und Marshmallows garnieren.

Tipp:
Marshmallow-Creme gibt es oft in Lebensmittelhandlungen von Kaufhäusern bei den amerikanischen Lebensmitteln oder in großen Supermärkten.
Anstelle der Butterkekse können auch Löffelbiskuits verwendet werden.
Statt mit Vertiefungen kann man die Oberfläche der Torte auch mit einem Tortengarnierkamm wellenförmig verzieren oder die Masse kuppelartig auf die Erdbeeren streichen.
Anstelle der Erdbeeren können auch Johannisbeeren verwendet werden, die der Torte eine leicht säuerliche Note geben.

Erntedank-Torte

Zubereitungszeit: 50 Min., ohne Kühlzeit
Backzeit: etwa 25 Min.

Insgesamt:
E: 81 g, F: 246 g, Kh: 625 g, kJ: 22028, kcal: 5267

Für den Biskuitteig:
- **6 Eier (Größe M)**
- **3 EL Apfelsaft**
- **125 g flüssiger Honig**
- **1 Pck. Finesse Geriebene Zitronenschale**
- **225 g Buchweizenmehl**

Für die Füllung:
- **1 Pck. Pudding-Pulver Vanille-Geschmack**
- **30 g Zucker**
- **500 ml (1/2 l) Apfelsaft**
- **200 g Butter**
- **150 g Pflaumenmus**
- **1 Glas (360 g) Apfelkompott**

Für den Belag:
- **1–2 mittelgroße, rote Äpfel**
- **Saft von 1 Zitrone**
- **300–400 g Obst (z. B. Weintrauben, Kiwis, Heidelbeeren, Himbeeren)**
- **Kapstachelbeeren**

Für den Guss:
- **1 Pck. Tortenguss, klar**
- **250 ml (1/4 l) Apfelsaft**
- **1 EL Zucker**

Zum Bestreuen:
- **60 g abgezogene, gehackte, gebräunte Mandeln**

Zum Garnieren:
- **Schokoladen-Dekor-Blätter**
- **Ähren, Minze**

1 Für den Teig Eier und Apfelsaft mit Handrührgerät mit Rührbesen auf höchster Stufe 1 Minute schaumig schlagen. Honig nach und nach in 5 Minuten unterschlagen, Zitronenschale hinzufügen und unterrühren.

2 Ein Drittel des Buchweizenmehls auf die Eiercreme geben, kurz unterrühren, dann den Rest auf die gleiche Weise unterarbeiten.

3 Teig in eine Springform (Ø 28 cm, Boden gefettet, mit Backpapier belegt) füllen und glatt streichen. Form auf dem Rost in den Backofen schieben.

Ober-/ Unterhitze:
etwa 180 °C (vorgeheizt)
Heißluft: etwa 160 °C (vorgeheizt)
Gas: Stufe 2–3 (vorgeheizt)
Backzeit: etwa 25 Min.

4 Boden aus der Form lösen, auf einen mit Backpapier belegten Kuchenrost stürzen, Backpapier entfernen und Boden erkalten lassen.

5 Für die Füllung den Pudding nach Packungsanleitung, aber mit Apfelsaft zubereiten und erkalten lassen. Butter schaumig rühren und nach und nach unter den Pudding rühren (dabei darauf achten, dass Pudding und Butter Zimmertemperatur haben, da die Creme sonst gerinnt). Boden zweimal waagerecht durchschneiden.

6 Den unteren Boden auf eine Tortenplatte legen und mit der Hälfte des Pflaumenmuses bestreichen. Apfelkompott darauf verteilen und mit dem zweiten Boden bedecken. Das restliche Pflaumenmus darauf geben und verstreichen. Gut die Hälfte der Buttercreme darauf verstreichen und den letzten Boden auflegen. Torte rundherum mit der restlichen Buttercreme bestreichen und 1/2 Stunde kalt stellen.

7 Für den Belag Äpfel waschen, vierteln, Kerngehäuse entfernen, in dünne Spalten schneiden, mit Zitronensaft bestreichen und als „Korb“ auf die Torte legen. Restliches Obst waschen, gut abtropfen lassen und auf dem „Korb“ anrichten.

8 Den Guss nach Packungsanleitung mit Apfelsaft und Zucker zubereiten. Mit Hilfe eines Pinsels das Obst damit bestreichen, den

(Fortsetzung Seite 20)

Guss mit Hilfe eines Löffels auf die gesamte Tortenoberfläche auftragen und fest werden lassen.

9 Den Rand der Torte mit Mandeln bestreuen und Torte kalt stellen. Die Torte vor dem Servieren mit Schokoblättern, Ähren und Minze garnieren.

■ Tipp:
Wenn keine Kinder mitessen, kann die Hälfte des Apfelsafts in der Füllung auch gegen Cidre ausgetauscht werden.

Erdbeer-Joghurtriegel-Torte

Zubereitungszeit: 30 Min., ohne Kühlzeit
Backzeit: 10–12 Min. pro Backblech

Insgesamt:
E: 35 g, F: 244 g, Kh: 316 g, kJ: 15668, kcal: 3746

Für die Füllung:

- **400 ml Schlagsahne**
- **200 g Erdbeer-Joghurt-Schokoriegel**
- **250 g frische Erdbeeren**
- **2 Pck. Sahnesteif**
- **150 g Naturjoghurt**
- **30 g weiße Schokolade**

Für die Böden:

- **300 g TK-Blätterteig**

1 Für die Füllung Sahne in einem Topf zum Kochen bringen. Schokoriegel (3 Stück zum Verzieren zurücklassen und in den Kühlschrank legen) hacken und in der Sahne unter Rühren auflösen. Die Masse in eine Rührschüssel füllen und über Nacht kalt stellen.

2 Für die Böden die Blätterteigplatten zugedeckt nebeneinander auftauen lassen. Die Platten aufeinander legen und ausrollen. 2 Böden (Ø 24 cm) ausschneiden, auf ein mit Backpapier belegtes Backblech legen und mehrmals mit einer Gabel einstechen.

3 Restlichen Teig zusammenlegen (nicht verkneten), zu einer runden Platte (Ø 20 cm) ausrollen und in 10 Tortenstücke schneiden. Stücke ebenfalls auf ein mit Backpapier belegtes Backblech legen und mehrmals mit einer Gabel einstechen.

Ober-/Unterhitze:
etwa 220 °C (vorgeheizt)
Heißluft: etwa 200 °C (vorgeheizt)
Gas: Stufe 4–5 (vorgeheizt)
Backzeit: 10–12 Min.
pro Backblech

4 Böden und Tortenstücke auf einem Kuchenrost erkalten lassen. Erdbeeren waschen, putzen und halbieren.

5 Einen Blätterteigboden auf eine Tortenplatte legen. Die erkaltete Schokosahne mit Sahnesteif mit Handrührgerät mit Rührbesen steif schlagen, Joghurt kurz unterrühren.

6 Die Hälfte der Masse auf dem Blätterteigboden verstreichen, mit 2/3 der Erdbeeren belegen, dabei die Früchte leicht in die Sahne drücken. Zweiten Boden auflegen, vorsichtig andrücken, restliche Sahnemasse auf den Boden streichen, restliche Erdbeeren an den Rand des Bodens auf die Sahne legen. Torte etwa 1 Stunde kalt stellen.

7 Die drei Riegel aus dem Kühlschrank fein hacken. Weiße Schokolade in einem kleinen Topf im Wasserbad bei kleiner Hitze geschmeidig rühren, über die „Mini-Tortenstücke" sprenkeln und sofort mit den gehackten Riegeln bestreuen. Fest werden lassen und die Torte mit den Tortenstücken belegen.

Obstpizza

Zubereitungszeit: 35 Min., ohne Teiggehzeit
Backzeit: etwa 30 Min.

Insgesamt:
E: 91 g, F: 224 g, Kh: 923 g, kJ: 26494, kcal: 6328

Für den Hefeteig:

- **1 Würfel frische Hefe (42 g)**
- **50 g Zucker**
- **250 ml (1/4 l) lauwarme Milch**
- **400 g Weizenmehl**
- **1 Pck. Vanillin-Zucker**
- **1 Prise Salz**
- **50 g weiche Butter**

Für den Belag:

- **375 g Pflaumen**
- **250 g helle Weintrauben**
- **250 g Birnen**
- **500 g Äpfel**
- **1 kleine Dose Aprikosenhälften (Abtropfgewicht 240 g)**

Für die Streusel:

- **250 g Weizenmehl**
- **175 g Zucker**
- **1 Pck. Vanillin-Zucker**
- **200 g weiche Butter**

1 Für den Hefeteig Hefe zerbröckeln und mit 2 Teelöffeln des Zuckers und 100 ml der Milch verrühren, etwa 15 Minuten bei Zimmertemperatur stehen lassen.

2 Mehl in eine Rührschüssel sieben, restlichen Zucker, Vanillin-Zucker, Salz, restliche Milch und Butter hinzufügen. Die angerührte Hefe hinzugeben und die Zutaten mit Handrührgerät mit Knethaken zunächst auf niedrigster, dann auf höchster Stufe in etwa 5 Minuten zu einem Teig verarbeiten. Den Teig zugedeckt an einem warmen Ort so lange stehen lassen, bis er sich sichtbar vergrößert hat.

3 Für den Belag Pflaumen und Trauben waschen und abtrocknen. Pflaumen entsteinen und in Spalten schneiden, Trauben halbieren und entkernen. Birnen und Äpfel schälen, vierteln, entkernen und in Spalten schneiden. Aprikosen auf einem Sieb abtropfen lassen und in Spalten schneiden.

4 Den gegangenen Teig aus der Schüssel nehmen und auf der Arbeitsfläche nochmals kurz durchkneten, auf einem gefetteten Backblech ausrollen und das Obst nach Sorten getrennt darauf verteilen.

5 Für die Streusel Mehl in eine Rührschüssel sieben, mit Zucker und Vanillin-Zucker mischen. Butter hinzufügen. Zutaten mit Handrührgerät mit Knethaken zu Streuseln von gewünschter Größe verarbeiten und gleichmäßig auf dem Obst verteilen. Das Backblech in den Backofen schieben.

Ober-/Unterhitze:
etwa 200 °C (vorgeheizt)
Heißluft: etwa 180 °C (vorgeheizt)
Gas: Stufe 3–4 (vorgeheizt)
Backzeit: etwa 30 Min.

6 Den Kuchen auf dem Blech erkalten lassen.

Abwandlung:
Anstelle eines Blechs zwei runde Obstpizzen in der Springform (Ø 26 cm) backen.

Tipp:
Sie können nach Belieben auch anderes Obst der Saison oder aus der Dose verwenden.

Blitz-Birnen-Baiser-Torte

Zubereitungszeit: 20 Min., ohne Kühlzeit
Backzeit: etwa 40 Min.

Insgesamt:
E: 58 g, F: 120 g, Kh: 400 g, kJ: 12483, kcal: 2969

Für den Teig:

- **1 Pck. (250 g) Grundmischung Obstkuchenteig**
- **100 g weiche Butter oder Margarine**
- **2 Eier (Größe M)**

Für den Belag:

- **1 Dose Birnenhälften (Abtropfgewicht 460 g)**
- **1 Pck. Pudding-Pulver Schokolade-Geschmack**
- **1 EL Zucker**
- **2 Eigelb (Größe M)**
- **200 ml Birnensaft**
- **300 ml Milch**

Für den Baiser:

- **2 Eiweiß (Größe M)**
- **100 g gesiebter Puderzucker**

1 Den Teig nach Packungsanleitung zubereiten, in einer Springform (Ø 26 cm, Boden gefettet) glatt streichen und die Form auf dem Rost in den Backofen schieben.

Ober-/Unterhitze:
etwa 180 °C (vorgeheizt)
Heißluft: etwa 160 °C
(nicht vorgeheizt)
Gas: Stufe 2–3 (nicht vorgeheizt)
Backzeit: 30–35 Min.

2 Für den Belag Birnen auf einem Sieb gut abtropfen lassen, Saft dabei auffangen. Birnenhälften auf den gebackenen Boden legen.

3 Pudding-Pulver mit Zucker mischen, mit Eigelb und dem gesamten Birnensaft anrühren. Milch zum Kochen bringen, angerührtes Pudding-Pulver einrühren und unter Rühren aufkochen lassen. Pudding heiß auf die Birnen geben und erkalten lassen.

4 Für den Baiser das Eiweiß mit Puderzucker steif schlagen, in einen Spritzbeutel mit Lochtülle füllen und breite Tuffs auf den Pudding setzen, bis dieser völlig bedeckt ist. Den Kuchen auf dem Rost in den Backofen schieben.

Ober-/Unterhitze:
etwa 220 °C (vorgeheizt)
Heißluft: etwa 200 °C (vorgeheizt)
Gas: etwa Stufe 4 (vorgeheizt)
Backzeit: etwa 8 Min.

Variante:
Sie können statt der Grundmischung die Zutaten für den Obstboden auch selbst zusammenstellen. Mischen und sieben Sie dann 100 g Weizenmehl mit 2 gestr. Teelöffeln Backpulver in eine Schüssel. Geben Sie 100 g Zucker, 2 Päckchen Vanillin-Zucker, 2 Eier (Größe M) und 100 g Butter oder Margarine dazu. Alle Zutaten mit Handrührgerät mit Rührbesen erst kurz auf niedrigster, dann etwa 2 Minuten auf höchster Stufe verrühren und wie oben angegeben verarbeiten und backen.

Tipp:
Man kann den Baiser auch wellenartig mit Hilfe eines Löffels auf dem Pudding verteilen.
2–3 Esslöffel Kokosflocken anrösten und an den Rand der Torte drücken.
Kuchen am Vortag zubereiten, vor dem Servieren den Baiser frisch aufspritzen und überbacken.

Tränchentorte

Zubereitungszeit: 50 Min.
Backzeit: etwa 70 Min.

Insgesamt:
E: 118 g, F: 176 g, Kh: 574 g,
kJ: 18810, kcal: 4491

Für den Knetteig:

- **150 g Weizenmehl**
- **1 gestr. TL Backpulver**
- **75 g Zucker**
- **1 Pck. Vanillin-Zucker**
- **1 Ei (Größe M)**
- **50 g Butter**

Für den Belag:

- **1 Dose Mandarinen (Abtropfgewicht 285 g)**
- **500 g Magerquark**
- **150 g Zucker**
- **1 Pck. Vanillin-Zucker**
- **3 Eigelb (Größe M)**
- **1 Pck. Pudding-Pulver Vanille-Geschmack**
- **100 ml Speiseöl**
- **3 TL Zitronensaft**
- **250 ml (1/4 l) Milch**

Für die Baisermasse:

- **3 Eiweiß (Größe M)**
- **100 g feinkörniger Zucker**

1 Für den Knetteig Mehl und Backpulver mischen und in eine Rührschüssel sieben. Zucker, Vanillin-Zucker, Ei und Butter hinzufügen. Die Zutaten mit Handrührgerät mit Knethaken zunächst kurz auf niedrigster, dann auf höchster Stufe gut durcharbeiten.

2 Anschließend auf der bemehlten Arbeitsfläche zu einem glatten Teig verkneten, sollte er kleben, ihn eine Zeit lang kalt stellen. 2/3 des Teiges auf dem gefetteten Boden einer Springform (Ø 26 cm) ausrollen und mehrmals mit einer Gabel einstechen.

3 Den Springformrand um den Boden legen. Den Rest des Teiges zu einer Rolle formen, sie als Rand auf den Boden legen und so an die Form drücken, dass ein etwa 3 cm hoher Rand entsteht.

4 Für den Belag Mandarinen auf einem Sieb gut abtropfen lassen. Quark, Zucker, Vanillin-Zucker, Eigelb, Pudding-Pulver, Öl, Zitronensaft und Milch verrühren. Die abgetropften Mandarinen unter die Quarkmasse heben, in die Springform füllen und glatt streichen. Die Form auf dem Rost in den Backofen schieben.

Ober-/Unterhitze:
etwa 180 °C (vorgeheizt)
Heißluft: etwa 160 °C
(nicht vorgeheizt)
Gas: Stufe 2–3 (nicht vorgeheizt)
Backzeit: etwa 60 Min.

5 Für die Baisermasse Eiweiß mit Zucker steif schlagen. Die Torte nach Beendigung der Backzeit aus dem Backofen nehmen, die Baisermasse darauf streichen und die Torte auf der oberen Einschubleiste noch etwa 10 Minuten bei der oben angegebenen Temperatur backen, bis die Baisermasse Farbe angenommen hat.

6 Die Torte aus der Form lösen und auf einem Kuchenrost erkalten lassen. Die „Tränchen“ bilden sich erst, wenn die Torte richtig ausgekühlt ist.

Tipp:
Anstelle der Mandarinen Aprikosen verwenden. Dazu den Inhalt einer kleinen Dose auf einem Sieb abtropfen lassen und klein schneiden.

Waffeltorte

Zubereitungszeit: 30 Min.
Backzeit: etwa 24 Min.

Insgesamt:
E: 47 g, F: 310 g, Kh: 377 g, kJ: 19402, kcal: 4637

Für den Rührteig:

- **125 g weiche Margarine oder Butter**
- **100 g Zucker**
- **1 Prise Salz**
- **2 Eier (Größe M)**
- **1 Beutel Feine Orangenfrucht**
- **100 g Weizenmehl**
- **50 g Speisestärke**
- **1 Msp. Backpulver**
- **1 EL Kakaopulver**

Für die Füllung:

- **600 ml Schlagsahne**
- **2 Pck. Sahnesteif**
- **3 EL Zucker**
- **1 Pck. Vanillin-Zucker**
- **600 g gelbe Pflaumen**

Zum Garnieren:

- **1 EL gemahlene Pistazienkerne**

1 Für den Rührteig Margarine oder Butter mit Handrührgerät mit Rührbesen auf höchster Stufe geschmeidig rühren. Nach und nach Zucker und Salz unterrühren, so lange rühren, bis eine gebundene Masse entstanden ist. Eier nach und nach unterrühren (jedes Ei etwa 1/2 Minute). Feine Orangenfrucht unterrühren.

2 Mehl mit Speisestärke und Backpulver mischen, sieben und portionsweise auf mittlerer Stufe unterrühren. Die Teigmasse halbieren und unter die eine Hälfte den Kakao rühren.

3 Im gefetteten Waffeleisen aus beiden Teigsorten in je etwa 4 Minuten jeweils 3 Waffeln backen und auf einem Kuchenrost erkalten lassen.

4 Für die Füllung Sahne mit Sahnesteif, Zucker und Vanillin-Zucker steif schlagen. Die Pflaumen waschen, trockentupfen, entsteinen und in Spalten schneiden. Einige Pflaumenspalten zum Garnieren zurückbehalten.

5 Eine dunkle Waffel mit etwas Sahne bestreichen, einige Pflaumenspalten darauf verteilen und eine helle Waffel darauf legen. Diese ebenfalls mit Sahne bestreichen und mit Pflaumenspalten belegen. So fortfahren, bis sämtliche Waffeln aufgebraucht sind.

6 Die Torte mit der restlichen Sahne verzieren, mit den zurückgelassenen Pflaumenspalten und Pistazien garnieren.

Abwandlung:

Schoko-Waffeltorte

Den gesamten Teig mit 2 Esslöffeln Kakaopulver zubereiten und mit Orangenlikör-Sahne (600 ml Schlagsahne und 3 Esslöffel Orangenlikör) füllen. Nach Belieben Orangenfilets mit einschichten.

Tipp:

Anstelle der gelben Pflaumen können Sie auch anderes Obst der Saison verwenden.

Sushi-Torte

Zubereitungszeit: 50 Min., ohne Kühlzeit

Insgesamt:
E: 70 g, F: 195 g, Kh: 372 g, kJ: 15482, kcal: 3699

Für den Boden:
- **1 Pck. (60 g) Mini-Reissnacks Schokolade**
- **200 g Zartbitterschokolade**
- **50 g abgezogene, gemahlene Mandeln**

Für die Füllung:
- **1 Pck. (125 g) Milchreis nach klassischer Art**
- **500 ml (1/2 l) Milch**
- **6 Blatt weiße Gelatine**
- **1 Dose (400 ml) Kokosmilch (aus dem Asialaden)**
- **250 ml (1/4 l) Schlagsahne**
- **1 Pck. Sahnesteif**

Für den Belag:
- **1 Papaya**
- **1 Mango**
- **2 Kiwis**
- **8 große Erdbeeren**
- **1 Nektarine**
- **1 Limette**

- **Zitronengras**

1 Für den Boden die Reissnacks in einen Gefrierbeutel geben, verschließen und mit einer Teigrolle zerkleinern. Schokolade in Stücke brechen, in einem Topf im Wasserbad bei schwacher Hitze geschmeidig rühren und mit den Mandeln und den Reissnackbröseln in einer Schüssel verrühren.

2 Einen Backrahmen (24 x 24 cm) auf eine mit Backpapier belegte Platte setzen, die Schokoladenmasse einfüllen, mit einem Esslöffel zu einem Boden fest drücken und kalt stellen.

3 Für die Füllung Milchreis mit Milch nach Packungsanleitung zubereiten. Gelatine nach Packungsanleitung einweichen, ausdrücken und unter den warmen, gequollenen Reis rühren. Die Kokosmilch dazu geben und den Milchreis erkalten lassen. Sahne mit Sahnesteif steif schlagen und sobald der Reis zu gelieren beginnt unterheben.

4 Für den Belag Papaya schälen, halbieren und Kerne entfernen. Eine Hälfte davon mit Milchreis füllen. Andere Hälfte in kleine Würfel schneiden.

5 Mango schälen, Stein herausschneiden, 6 dünne Spalten abschneiden (am besten mit einem Sparschäler), mit etwas Reis bestreichen und aufrollen. Restliche Mango in kleine Würfel schneiden.

6 Kiwis schälen, 5–6 etwa 1 cm dicke Scheiben abschneiden, mit einem Apfelausstecher einen Kreis aus den Scheiben ausstechen und Kiwischeiben mit Reis füllen. 1–2 Papayawürfel ganz klein schneiden und darauf streuen. Restliche Kiwis in Würfel schneiden.

7 Erdbeeren waschen, gut abtropfen lassen, entstielen, 4 der Erdbeeren zweimal der Länge nach halbieren und mit etwas Reis gefüllt wieder zusammensetzen. Restliche Erdbeeren in Würfel schneiden.

8 Nektarine waschen, halbieren, entsteinen und eine Hälfte in Spalten schneiden. Mit 2 Teelöffeln kleine Nocken aus dem Reis formen, die Nektarinenspalten darauf legen und etwas eindrücken. Restliche Nektarine in Würfel schneiden.

9 Alle vorbereiteten und gefüllten Obstteile auf eine Platte legen. Saft der Limette auspressen, Obstteile mit Limettensaft bepinseln, mit Frischhaltefolie zudecken und kalt stellen.

(Fortsetzung Seite 32)

10 Das restliche in Würfel geschnittene Obst mit Limettensaft beträufeln. Auf den Bröselboden gut 1/3 der restlichen Reiscreme streichen, die Obstwürfel darauf verteilen, mit der übrigen Reiscreme bedecken und glatt streichen. Torte etwa 1 Stunde kalt stellen.

11 Den Backrahmen lösen und Torte mit den gefüllten Früchten garnieren, dabei die gefüllte Papaya quer in Spalten schneiden. Erdbeeren mit in Streifen geschnittener Limettenschale garnieren. Nach Belieben Zitronengras als „Stäbchen" auf die Torte legen.

Frau-Holle-Torte

Zubereitungszeit: 35 Min.
Backzeit: etwa 45 Min.

Insgesamt:
E: 52 g, F: 160 g, Kh: 391 g, kJ: 13961, kcal: 3335

Für den Knetteig:

- **200 g Weizenmehl**
- **1 gestr. TL Backpulver**
- **100 g Zucker**
- **1 Pck. Vanillin-Zucker**
- **1 Eigelb (Größe M)**
- **1 Ei (Größe M)**
- **100 g Butter**
- **1 EL Weizenmehl**

Für den Belag:

- **500 g Apfelmus**
- **100 g gemahlene Haselnusskerne**
- **75 g abgetropfte Preiselbeeren (aus dem Glas)**

Für die Wölkchen:

- **1 Eiweiß (Größe M)**
- **50 g gesiebter Puderzucker**

1 Für den Knetteig Mehl mit Backpulver mischen und in eine Rührschüssel sieben. Zucker, Vanillin-Zucker, Eigelb, Ei und Butter hinzufügen. Die Zutaten mit Handrührgerät mit Knethaken zunächst kurz auf niedrigster, dann auf höchster Stufe gut durcharbeiten.

2 Anschließend auf der bemehlten Arbeitsfläche zu einem glatten Teig verkneten. Sollte er kleben, ihn eine Zeit lang kalt stellen. Zwei Drittel des Teiges auf einem gefetteten Springformboden (Ø 26 cm) ausrollen, mit einer Gabel mehrmals einstechen. Den Springformrand darumlegen.

3 Unter den restlichen Teig den Esslöffel Mehl kneten, zu einer Rolle formen, diese als Rand auf den Teigboden legen. Die Rolle so an die Form drücken, dass ein etwa 3 cm hoher Rand entsteht. Die Form auf dem Rost in den Backofen schieben.

Ober-/Unterhitze:
etwa 200 °C (vorgeheizt)
Heißluft: etwa 180 °C (vorgeheizt)
Gas: Stufe 3–4 (vorgeheizt)
Backzeit: etwa 20 Min.

4 Den Boden in der Form auskühlen lassen.

5 Für den Belag Apfelmus, Haselnusskerne und Preiselbeeren vermischen und gleichmäßig auf den Teigboden streichen.

6 Für die Wölkchen Eiweiß steif schlagen, Puderzucker nach und nach unterschlagen. Eischnee in einen Spritzbeutel mit kleiner Lochtülle füllen, als kleine Wölkchen auf den Belag spritzen. Torte nochmals in den Backofen schieben.

Ober-/Unterhitze:
etwa 160 °C (vorgeheizt)
Heißluft: etwa 140 °C (vorgeheizt)
Gas: Stufe 1–2 (vorgeheizt)
Backzeit: etwa 25 Min.

Obst-Osterei

Zubereitungszeit: 40 Min.
Backzeit: etwa 45 Min.

Insgesamt:
E: 75 g, F: 164 g, Kh: 632 g, kJ: 18129, kcal: 4329

Für den Knetteig:

- **150 g Weizenmehl**
- **1 Msp. Backpulver**
- **50 g Zucker**
- **1 Pck. Bourbon-Vanille-Zucker**
- **50 g Butter**
- **1 Ei (Größe M)**
- **1–2 EL Sherry oder Orangensaft**

Für den Biskuitteig:

- **3 Eier (Größe M)**
- **125 g Zucker**
- **1 Pck. Vanillin-Zucker**
- **50 g Weizenmehl**
- **1 gestr. TL Backpulver**
- **100 g gemahlene Haselnusskerne**
- **30 g zerlassene, abgekühlte Butter**

Zum Bestreichen:

- **100 g Aprikosenkonfitüre**

Für den Belag:

- **etwa 650 g abgetropfte Früchte aus der Dose (z. B. Birnen, Mandarinen)**
- **2 Pck. Tortenguss, klar**
- **60 g Zucker**
- **250 ml (1/4 l) Birnensaft**
- **250 ml (1/4 l) Wasser**

1 Für den Knetteig Mehl in eine Rührschüssel sieben. Restliche Zutaten hinzufügen und mit Handrührgerät mit Knethaken zunächst auf niedrigster dann auf höchster Stufe gut durcharbeiten.

2 Teig auf einer bemehlten Arbeitsfläche kurz durchkneten und knapp 1/4 davon zum Verzieren beiseite stellen.

3 Übrigen Teig auf einem Backblech (30 x 40 cm, gefettet, mit Backpapier belegt) in Größe eines Ei-Tortenrings (Ø etwa 22 x 26 cm) ausrollen. Ei-Tortenring um den Teig stellen.

4 Restlichen Teig für Verzierungen ausrollen, Motive ausstechen, ebenfalls auf das Backblech legen und Backblech in den Backofen schieben.

Ober-/Unterhitze:
etwa 180 °C (vorgeheizt)
Heißluft: etwa 160 °C (vorgeheizt)
Gas: Stufe 2–3 (vorgeheizt)
Backzeit: etwa 15 Min.

5 Boden vom Tortenring lösen, aber auf dem Backblech auf einem Kuchenrost erkalten lassen.

6 Für den Biskuitteig Eier mit Handrührgerät mit Rührbesen auf höchster Stufe in 1 Minute schaumig schlagen. Zucker und Vanillin-Zucker mischen, in 1 Minute einstreuen, dann noch etwa 2 Minuten schlagen.

7 Mehl mit Backpulver mischen, die Hälfte davon auf die Eiercreme sieben, kurz auf niedrigster Stufe unterrühren, den Rest des Mehlgemisches auf die gleiche Art unterarbeiten. Haselnusskerne und Butter vorsichtig unterheben.

8 Gesäuberten Ei-Tortenring auf ein mit Backpapier belegtes Backblech stellen, Biskuit einfüllen, glatt streichen und **bei gleicher Backofeneinstellung etwa 30 Minuten** backen.

9 Boden nach dem Backen aus dem Tortenring lösen, auf einen mit Backpapier belegten Kuchenrost stürzen, Backpapier abziehen und erkalten lassen.

10 Knetteigboden mit etwas Konfitüre bestreichen, Biskuitboden auflegen und mit restlicher Konfitüre bestreichen. Den gesäuberten Tortenring um die Böden stellen.

(Fortsetzung Seite 36)

11 Für den Belag Früchte in einem Sieb abtropfen lassen, Saft dabei auffangen. Obst in Spalten schneiden und dekorativ auf der Oberfläche verteilen. Tortenguss nach Packungsanleitung mit Zucker, Saft und Wasser zubereiten, über das Obst geben und fest werden lassen.

12 Vor dem Servieren die gebackenen Plätzchen auf die Oberfläche legen.

Tipp:
Das Gebäck kann auch in einer Springform (Ø 26 cm) oder in einem runden Tortenring zubereitet und dann in Eiform geschnitten werden.

Heidelbeer-Ricotta-Torte

Zubereitungszeit: 35 Min., ohne Kühlzeit

Insgesamt:
E: 53 g, F: 282 g, Kh: 228 g, kJ: 15929, kcal: 3808

Für den Boden:
- **100 g Zwieback**
- **100 g Butter**
- **1 Pck. geriebene Zitronenschale**

Für die Füllung:
- **6 Blatt weiße Gelatine**
- **250 g Ricotta (ital. Frischkäse)**
- **250 g Heidelbeeren**
- **75 g Zucker**
- **1 Msp. geriebene Muskatnuss**
- **200 ml Schlagsahne**

Zum Einstreichen:
- **300 ml Schlagsahne**
- **1 Pck. Sahnesteif**
- **1 TL Zucker**

Zum Bestäuben:
- **etwas geriebene Muskatnuss**

1 Für den Boden den Zwieback in einen Gefrierbeutel geben und mit einer Teigrolle fein zerbröseln.

2 Die Butter in einem Topf schmelzen, Zitronenschale und Zwiebackbrösel gut unterrühren. Die Masse in einer Springform (Ø 20 cm, gefettet, mit Backpapier ausgelegt) zu einem glatten Boden andrücken.

3 Für die Füllung die Gelatine nach Packungsanleitung einweichen und auflösen. Den Ricotta mit den Heidelbeeren pürieren. Zuerst Zucker und Muskat, dann die Gelatine unterrühren. Die Masse so lange kalt stellen, bis sie anfängt zu gelieren. Die Sahne steif schlagen, unterheben, alles in die Springform füllen und glatt streichen. Die Torte 3 Stunden kalt stellen.

4 Zum Einstreichen die Sahne mit Sahnesteif und Zucker steif schlagen, 2 Esslöffel zum Verzieren zurücklassen. Die Torte aus der Form lösen und Rand und Oberfläche mit Sahne einstreichen. Die zurückgelassene Sahne mit der runden Seite eines Teelöffels wellenförmig auf der Torte verteilen und mit etwas Muskat bestäubt servieren.

Maracujatorte

Zubereitungszeit: 50 Min.
Backzeit: 20–30 Min.

Insgesamt:
E: 51 g, F: 218 g, Kh: 491 g, kJ: 17839, kcal: 4262

Für den Biskuitteig:

- **2 Eier (Größe M)**
- **2–3 EL heißes Wasser**
- **100 g Zucker**
- **1 Pck. Vanillin-Zucker**
- **100 g Weizenmehl**
- **25 g Speisestärke**
- **1 gestr. TL Backpulver**
- **50 g zerlassene, abgekühlte Butter**

Zum Bestreichen:

- **2–3 EL Aprikosenkonfitüre**

Für die Füllung:

- **1 Dose Pfirsiche (Abtropfgewicht 470 g)**
- **2 Pck. Tortenguss, klar**
- **40 g Zucker**
- **500 ml (1/2 l) Maracuja- oder Multivitaminsaft**
- **500 ml (1/2 l) Schlagsahne**
- **2 Pck. Sahnesteif**
- **2 Pck. Vanillin-Zucker**

Für den Belag:

- **1 Pck. Aranca Aprikose-Maracuja-Geschmack**
- **100 ml Maracuja- oder Multivitaminsaft**
- **100 ml Pfirsichsaft**
- **150 g Joghurt**

1 Für den Biskuitteig Eier und Wasser mit Handrührgerät mit Rührbesen auf höchster Stufe in 1 Minute schaumig schlagen. Zucker mit Vanillin-Zucker mischen, in 1 Minute einstreuen, dann noch etwa 2 Minuten schlagen.

2 Mehl, Speisestärke und Backpulver mischen, die Hälfte davon auf die Eiercreme sieben und kurz auf niedrigster Stufe unterrühren. Den Rest des Mehlgemisches auf die gleiche Weise unterarbeiten. Butter vorsichtig unterziehen.

3 Den Teig in eine Springform (Ø 28 cm, Boden gefettet, mit Backpapier belegt) füllen. Die Form sofort auf dem Rost in den Backofen schieben.

Ober-/Unterhitze:
etwa 180 °C (vorgeheizt)
Heißluft: etwa 160 °C (vorgeheizt)
Gas: Stufe 2–3 (vorgeheizt)
Backzeit: etwa 30 Min.

4 Den Boden aus der Form lösen, auf einen Kuchenrost stürzen, das Backpapier abziehen und den Boden erkalten lassen. Boden auf eine Platte legen, mit Konfitüre bestreichen. Einen Tortenring darum stellen.

5 Für die Füllung Pfirsiche auf einem Sieb abtropfen lassen, dabei den Saft auffangen und für den Belag 100 ml abmessen. Pfirsiche in Würfel schneiden.

6 Aus Tortenguss, Zucker und Saft nach Packungsaufschrift einen Guss zubereiten. Pfirsichwürfel unterheben, die Masse auf dem Tortenboden verteilen und erkalten lassen.

7 Sahne mit Sahnesteif und Vanillin-Zucker steif schlagen und auf die Pfirsichmasse streichen.

8 Für den Belag Aranca nach Packungsaufschrift – aber mit Maracuja- oder Multivitaminsaft, abgemessenem Pfirsichsaft und Joghurt anstelle von Wasser – zubereiten, auf die Sahnemasse streichen. Die Torte etwa 60 Minuten kalt stellen.

Kirsch-Schoko-Kuchen

Zubereitungszeit: 35 Min.
Backzeit: 35–45 Min.

Insgesamt:
E: 84 g, F: 356 g, Kh: 444 g, kJ: 23180, kcal: 5537

Für den Rührteig:

- **200 g weiche Margarine oder Butter**
- **175 g Zucker**
- **1 Pck. Vanillin-Zucker**
- **1/2 Fläschchen Rum-Aroma**
- **1 Prise Salz**
- **4 Eier (Größe M)**
- **125 g Weizenmehl**
- **1 gestr. TL Backpulver**
- **100 g geriebene Blockschokolade**
- **100 g abgezogene, gemahlene Mandeln**

Für den Belag:

- **1 Glas Sauerkirschen (Abtropfgewicht 370 g)**

Zum Verzieren:

- **gesiebter Puderzucker**
- **200 ml Schlagsahne**
- **1 Pck. Sahnesteif**
- **etwas Zucker**
- **50 g geraspelte Schokolade**

1 Für den Rührteig Margarine oder Butter mit Handrührgerät mit Rührbesen auf höchster Stufe geschmeidig rühren. Nach und nach Zucker, Vanillin-Zucker, Rum-Aroma und Salz unterrühren, so lange rühren, bis eine gebundene Masse entstanden ist. Eier nach und nach unterrühren (jedes Ei etwa 1/2 Minute).

2 Mehl mit Backpulver mischen, sieben und portionsweise auf mittlerer Stufe unterrühren. Schokolade und Mandeln kurz unterrühren. Den Teig in eine Springform (Ø 26 cm, Boden gefettet) füllen und glatt streichen.

3 Für den Belag Sauerkirschen auf einem Sieb gut abtropfen lassen und auf dem Teig verteilen (etwa 1 cm am Rand frei lassen). Die Form auf dem Rost in den Backofen schieben.

Ober-/Unterhitze:
etwa 180 °C (vorgeheizt)
Heißluft: etwa 160 °C (nicht vorgeheizt)
Gas: Stufe 2–3 (nicht vorgeheizt)
Backzeit: 35–45 Min.

4 Den Kuchen aus der Form lösen und auf einem Kuchenrost erkalten lassen.

5 Den Kuchen vor dem Servieren mit Puderzucker bestäuben. Sahne mit Sahnesteif und Zucker steif schlagen und den Kuchen damit verzieren. Mit Schokoladenraspeln bestreuen.

Tipp:
Anstelle der Mandeln gemahlene Haselnusskerne verwenden.

Bananen-Kuppeltorte

Zubereitungszeit: 50 Min., ohne Kühlzeit
Backzeit: etwa 20 Min.

Insgesamt:
E: 65 g, F: 212 g, Kh: 435 g, kJ: 17147, kcal: 4099

Für den Biskuitteig:

- **2 Eier (Größe M)**
- **50 g Zucker**
- **1 Pck. Vanillin-Zucker**
- **50 g Weizenmehl**
- **25 g Speisestärke**
- **1/2 gestr. TL Backpulver**
- **25 g zerlassene, abgekühlte Butter**

Für die Füllung:

- **3 Bananen**
- **Saft von 1/2 Zitrone**
- **50 g Halbbitterkuvertüre**

Für die Bananencreme:

- **1 Pck. Gelatine gemahlen, weiß**
- **2 EL kaltes Wasser**
- **1 Pck. Pudding-Pulver Vanille-Geschmack**
- **40–60 g Zucker**
- **400 ml Milch**
- **2 EL Bananenlikör**
- **400 ml Schlagsahne**

Zum Garnieren:

- **2 Bananen**
- **Saft von 1/2 Zitrone**
- **50 g Halbbitterkuvertüre**
- **Schokoladenraspel**

1 Für den Biskuitteig Eier mit Handrührgerät mit Rührbesen auf höchster Stufe in 1 Minute schaumig schlagen. Zucker mit Vanillin-Zucker mischen, in 1 Minute einstreuen, dann noch etwa 2 Minuten schlagen.

2 Mehl, Speisestärke und Backpulver mischen, auf die Eiercreme sieben und kurz auf niedrigster Stufe unterrühren. Butter unterrühren.

3 Den Teig in eine Springform (Ø 26 cm, Boden gefettet, mit Backpapier belegt) füllen. Die Form sofort auf dem Rost in den Backofen schieben.

Ober-/Unterhitze:
etwa 180 °C (vorgeheizt)
Heißluft: etwa 160 °C (vorgeheizt)
Gas: Stufe 2–3 (vorgeheizt)
Backzeit: etwa 20 Min.

4 Den Boden aus der Form lösen, auf einen Kuchenrost stürzen, das Backpapier abziehen und den Boden erkalten lassen.

5 Für die Füllung Bananen schälen, längs halbieren, mit Zitronensaft beträufeln, damit sie nicht braun werden. Die Bananenhälften in passende Stücke schneiden und auf dem Biskuitboden gleichmäßig verteilen. Kuvertüre in einem kleinen Topf im Wasserbad bei schwacher Hitze zu geschmeidiger Masse verrühren, Bananen damit bestreichen.

6 Für die Bananencreme Gelatine mit Wasser in einem kleinen Topf anrühren und 10 Minuten zum Quellen stehen lassen. Aus Pudding-Pulver, Zucker und Milch nach Packungsaufschrift einen Pudding zubereiten.

7 Die Gelatine hinzufügen und so lange rühren, bis sie gelöst ist. Bananenlikör unterrühren und den Pudding abkühlen lassen.

8 Sobald der Pudding anfängt zu gelieren, Sahne steif schlagen und unterheben. Die Creme kuppelartig auf den mit Bananen belegten Boden streichen.

9 Bananen schälen, längs halbieren, mit Zitronensaft bestreichen und auf die Tortenoberfläche legen. Die Kuvertüre in einem kleinen Topf im Wasserbad bei schwacher Hitze zu geschmeidiger Masse verrühren und die Torte spiralförmig damit verzieren. Mit Schokoladenraspeln bestreuen.

Hits für Kids

Hier sind die neuen und peppigen Rezepte, die nicht nur auf Kindergeburtstagen ein großes Hallo auslösen werden.

Ü-Eier-Kranz

Zubereitungszeit: 45 Min.
Backzeit: 35–40 Min.

Insgesamt:
E: 68 g, F: 323 g, Kh: 496 g, kJ: 22220, kcal: 5307

Für den Rührteig:

- **100 g Butter oder Margarine**
- **150 g Zucker**
- **1 Pck. Vanillin-Zucker**
- **3 Eier (Größe M)**
- **150 g Weizenmehl**
- **50 g Speisestärke**
- **1 gestr. TL Backpulver**

Für die Füllung:

- **1 Pck. Pudding-Pulver Vanille-Geschmack**
- **50 g Zucker**
- **500 ml (1/2 l) Milch**
- **Schokolade von 4 Ü-Eiern**
- **200 g Butter**

- **6 Ü-Eier-Schokolade-Hälften**
- **geriebene Schokolade**

1 Für den Rührteig Butter oder Margarine mit Handrührgerät mit Rührbesen auf höchster Stufe geschmeidig rühren. Nach und nach Zucker und Vanillin-Zucker unterrühren, so lange rühren, bis eine gebundene Masse entstanden ist. Eier nach und nach unterrühren (jedes Ei etwa 1/2 Minute).

2 Mehl, Speisestärke und Backpulver mischen, sieben und auf mittlerer Stufe unterrühren. Den Teig in eine gefettete Kranzform (Ø 20 cm) geben. Die Form auf dem Rost in den Backofen schieben.

Ober-/Unterhitze:
etwa 180 °C (vorgeheizt)
Heißluft: etwa 160 °C (nicht vorgeheizt)
Gas: Stufe 2–3 (nicht vorgeheizt)
Backzeit: 35–40 Min.

3 Den Kranz etwa 10 Minuten in der Form stehen lassen, dann auf einen Kuchenrost stürzen und erkalten lassen. Den erkalteten Kranz zweimal waagerecht durchschneiden.

(Fortsetzung Seite 46)

4 Für die Füllung aus Pudding-Pulver, Zucker und Milch nach Packungsaufschrift einen Pudding zubereiten. Schokolade zerkleinern und in dem heißen Pudding auflösen. Pudding sofort mit Klarsichtfolie bedecken und erkalten lassen.

5 Butter geschmeidig rühren und den Pudding esslöffelweise darunter geben. Den Kranz mit der Buttercreme füllen und bestreichen (2 Esslöffel der Creme in einen Spritzbeutel mit Lochtülle füllen).

6 Den Ü-Eier-Kranz mit der zurückgelassenen Buttercreme aus dem Spritzbeutel verzieren, mit den Ü-Eier-Hälften garnieren und mit geriebener Schokolade bestreut servieren.

Holzfäller-Schnitten

Zubereitungszeit: 20 Min., ohne Teiggehzeit
Backzeit: etwa 50 Min.

Insgesamt:
E: 215 g, F: 193 g, Kh: 688 g, kJ: 23497, kcal: 5609

Für den Hefeteig:

- **375 g Weizenmehl**
- **1 Pck. Trockenhefe**
- **100–200 g Zucker**
- **1 Prise Salz**
- **200 ml lauwarme Milch**
- **100 g zerlassene, abgekühlte Butter**

Für den Belag:

- **1 Pck. Pudding-Pulver Vanille-Geschmack**
- **100–200 g Zucker**
- **500 ml (1/2 l) Milch**
- **4 Eigelb (Größe M)**
- **750 g Magerquark**
- **50 g Speisestärke**
- **4 Eiweiß (Größe M)**
- **100 g abgezogene, gestiftelte Mandeln**

- **2 EL Puderzucker**

1 Für den Hefeteig Mehl in eine Rührschüssel sieben und mit Hefe sorgfältig vermischen. Zucker, Salz, Milch und Butter hinzufügen.

2 Zutaten mit Handrührgerät mit Knethaken zunächst auf niedrigster, dann auf höchster Stufe in etwa 5 Minuten zu einem Teig verarbeiten.

3 Den Teig zugedeckt an einem warmen Ort so lange stehen lassen, bis er sich sichtbar vergrößert hat, ihn auf der Arbeitsfläche nochmals kurz durchkneten, in einer gefetteten Fettfangschale ausrollen.

4 Für den Belag aus Pudding-Pulver, Zucker und Milch nach Packungsaufschrift einen Pudding zubereiten und etwas abkühlen lassen. Eigelb, Quark und Speisestärke unterrühren.

5 Eiweiß steif schlagen und vorsichtig unterheben. Die Masse auf den Teig streichen und mit Mandeln bestreuen. Die Fettfangschale in den Backofen schieben.

Ober-/Unterhitze:
etwa 180 °C (vorgeheizt)
Heißluft: etwa 160 °C (nicht vorgeheizt)
Gas: Stufe 2–3 (nicht vorgeheizt)
Backzeit: etwa 50 Min.

6 Den Kuchen etwas abkühlen lassen und mit Puderzucker bestäuben.

Mini-Dickmanns-Torte

Zubereitungszeit: 50 Min.
Backzeit: 40–50 Min.

Insgesamt:
E: 80 g, F: 322 g, Kh: 505 g, kJ: 22783, kcal: 5425

Für den Rührteig:

- **4 Eigelb (Größe M)**
- **150 g Zucker**
- **1 Pck. Vanillin-Zucker**
- **1/2 Fläschchen Butter-Vanille-Aroma**
- **100 ml lauwarmes Wasser**
- **150 ml Speiseöl**
- **300 g Weizenmehl**
- **4 gestr. TL Backpulver**
- **4 Eiweiß (Größe M)**
- **1 geh. EL Kakaopulver**

Für die Füllung:

- **400 ml Schlagsahne**
- **2 Pck. Sahnesteif**
- **einige Mini-Dickmanns**

Zum Bestreichen:

- **1 geh. EL Aprikosen-konfitüre**
- **knapp 1 EL Wasser**

1 Für den Rührteig Eigelb, Zucker und Vanillin-Zucker mit Handrührgerät mit Rührbesen auf höchster Stufe schaumig rühren. Butter-Vanille-Aroma, Wasser und Öl unterrühren.

2 Mehl mit Backpulver mischen, sieben und portionsweise auf mittlerer Stufe unterrühren. Eiweiß steif schlagen und unterziehen.

3 Die Hälfte des Teiges in eine Springform (Ø 26 oder 28 cm, Boden gefettet, mit Semmelbröseln bestreut) füllen und glatt streichen. Kakao unter den restlichen Teig rühren, in einen Spritzbeutel füllen und in Wellenform auf den hellen Teig spritzen. Die Form auf dem Rost in den Backofen schieben.

Ober-/Unterhitze:
etwa 180 °C (vorgeheizt)
Heißluft:
etwa 160 °C (nicht vorgeheizt)
Gas: Stufe 2–3
(nicht vorgeheizt)
Backzeit: 40–50 Min.

4 Den Boden aus der Form lösen und auf einem Kuchenrost erkalten lassen. Den Boden einmal waagerecht durchschneiden. Aus dem oberen Boden einige Kreise (in der Größe der Mini-Dickmanns) ausstechen, das ausgestochene Gebäck zerbröseln.

5 Für die Füllung Sahne mit Sahnesteif steif schlagen, die Gebäckbrösel (2 Esslöffel zum Verzieren zurücklassen) unterheben und die Masse auf den unteren Boden streichen. Den oberen Boden darauf legen.

6 Aprikosenkonfitüre und Wasser verrühren, unter Rühren aufkochen lassen und die Torte damit bestreichen. Die Mini-Dickmanns in die Kreise setzen und die Torte mit den zurückgelassenen Gebäckbröseln bestreuen.

GUT VORZUBEREITEN

Bienenstock

Zubereitungszeit: 40 Min.
Backzeit: etwa 60 Min.

Insgesamt:
E: 86 g, F: 531 g, Kh: 615 g, kJ: 32988, kcal: 7897

Für den Rührteig:

- **250 g weiche Butter oder Margarine**
- **200 g Zucker**
- **1 Pck. Finesse Bourbon-Vanille-Aroma**
- **5 Eier (Größe M)**
- **300 g Weizenmehl**
- **75 g Speisestärke**
- **3 gestr. TL Backpulver**
- **6 EL (75 ml) Milch**

Für die Füllung:

- **10 Riegel Bounty (je 30 g) oder 1 Beutel Mini-Bounty**

- **1 Backoblate**

Für die Sahne:

- **500 ml (1/2 l) Schlagsahne**
- **1 Pck. Sahnesteif**
- **2 Pck. Vanillin-Zucker**
- **evtl. gelbe Speisefarbe**

Für die Bienen und das Tor:

- **150 g Marzipan-Rohmasse**
- **25 g gesiebter Puderzucker**
- **rote und gelbe Speisefarbe**
- **1 TL Kakaopulver**
- **Oblaten für die Flügel**

Zum Bestreuen:

- **bunte Zuckerstreusel**

1 Für den Teig Butter oder Margarine mit Handrührgerät mit Rührbesen auf höchster Stufe geschmeidig rühren. Nach und nach Zucker und Bourbon-Vanille-Aroma unterrühren. So lange rühren, bis eine gebundene Masse entstanden ist. Eier nach und nach unterrühren (jedes Ei etwa 1/2 Minute).

2 Mehl mit Speisestärke und Backpulver mischen, sieben und portionsweise abwechselnd mit Milch auf mittlerer Stufe unterrühren. 1/3 des Teiges in eine gefettete und gemehlte Gugelhupfform (Ø 22 cm) füllen. Teig mit den Bountyriegeln belegen. Mit dem restlichen Teig bestreichen und die Form auf dem Rost in den Backofen schieben.

Ober-/ Unterhitze:
etwa 180 °C (vorgeheizt)
Heißluft: etwa 160 °C
(nicht vorgeheizt)
Gas: Stufe 2–3 (nicht vorgeheizt)
Backzeit: etwa 60 Min.

3 Den Kuchen 10 Minuten in der Form stehen lassen, dann auf einen Kuchenrost stürzen und erkalten lassen. Die Öffnung in der Mitte des Gugelhupfs mit einer Backoblate verschließen.

4 Die Sahne mit Sahnesteif und Vanillin-Zucker steif schlagen und evtl. etwas gelbe Speisefarbe unterrühren. Sahne portionsweise in einen Spritzbeutel mit Lochtülle füllen, spiralförmig um den Gugelhupf spritzen und den Gugelhupf kalt stellen.

5 Für Bienen und Tor Marzipan-Rohmasse mit Puderzucker verkneten. Einen walnussgroßen Teil rot färben, knapp 1/3 der restlichen Masse mit gelber Speisefarbe färben. Den Rest mit Kakao verkneten, daraus eine Rolle formen und diese in Stücke schneiden. Jedes Stück erst zu einer Kugel drehen, dann eiförmig zum Bienenkörper formen.

6 Aus der gelben Masse dünne Bänder drehen und diese um die Bienenkörper drehen. Aus Oblaten kleine Flügel schneiden und in die Bienen stecken.

7 Das rote Marzipan zwischen Klarsichtfolie ausrollen. Mit Ausstechern Plätzchen ausstechen und als Tor an den Bienenstock kleben. Vor dem Servieren den Bienenkorb mit Zuckerstreuseln bestreuen und mit den Bienen garnieren.

Tipp:
Rühren Sie statt des Vanillin-Zuckers einen Esslöffel flüssigen Honig in die Sahne.

Milky-Way-Torte

Zubereitungszeit: 60 Min. , ohne Kühlzeit
Backzeit: etwa 30 Min.

Insgesamt:
E: 87 g, F: 266 g, Kh: 653 g, kJ: 23144, kcal: 5523

Für die Milky-Way-Creme:

- **500 ml (1/2 l) Schlagsahne**
- **8 Riegel Milky Way (à 25 g)**
- **100 g Zartbitterschokolade**
- **2 Pck. Sahnesteif**

Für den Biskuitteig:

- **2 Eier (Größe M)**
- **2 EL heißes Wasser**
- **100 g Zucker**
- **1 Pck. Vanillin-Zucker**
- **75 g Weizenmehl**
- **50 g Speisestärke**
- **1 gestr. TL Backpulver**

Für den Belag:

- **1 Dose Pfirsiche (Abtropfgewicht 470 g)**
- **3–4 EL Nuss-Nougat-Creme**
- **1 Pck. Tortenguss, klar**
- **250 ml (1/4 l) Pfirsichsaft**

Für die Joghurtcreme:

- **1 Pck. Gelatine gemahlen, weiß**
- **4 EL kaltes Wasser**
- **300 g Joghurt**
- **Saft von 1/2 Zitrone**
- **Kakaopulver**

1 Für die Milky-Way-Creme Sahne mit den Milky Ways erwärmen, bis diese geschmolzen sind. Schokolade grob zerkleinern, dazugeben und ebenfalls auflösen. Die Masse in eine Rührschüssel füllen und über Nacht kalt stellen.

2 Für den Biskuitteig Eier und Wasser mit Handrührgerät mit Rührbesen auf höchster Stufe in 1 Minute schaumig schlagen. Zucker mit Vanillin-Zucker mischen, in 1 Minute einstreuen, dann noch etwa 2 Minuten schlagen.

3 Mehl, Speisestärke und Backpulver mischen, die Hälfte davon auf die Eiercreme sieben und kurz auf niedrigster Stufe unterrühren. Den Rest des Mehlgemisches auf die gleiche Weise unterarbeiten.

4 Den Teig in eine Springform (Ø 28 cm, Boden gefettet, mit Backpapier belegt) füllen. Die Form sofort auf dem Rost in den Backofen schieben.

Ober-/Unterhitze:
etwa 180 °C (vorgeheizt)
Heißluft: etwa 160 °C (vorgeheizt)
Gas: Stufe 2–3 (vorgeheizt)
Backzeit: 20–30 Min.

5 Den Tortenboden aus der Form lösen, auf einen Kuchenrost stürzen, das Backpapier abziehen und den Boden erkalten lassen.

6 Für den Belag Pfirsiche auf einem Sieb gut abtropfen lassen, den Saft auffangen und 250 ml (1/4 l) abmessen. Nuss-Nougat-Creme im Wasserbad auflösen, Tortenboden damit bestreichen. 2 Pfirsiche zurücklassen, die restlichen in Spalten schneiden, auf dem Boden verteilen.

7 Aus Tortenguss, Zucker und Pfirsichsaft nach Packungsaufschrift einen Guss bereiten und auf den Pfirsichen verteilen.

8 Für die Joghurtcreme Gelatine mit Wasser anrühren, 10 Minuten quellen lassen. Joghurt mit Zitronensaft verrühren. Die zurückgelassenen Pfirsichhälften pürieren und unter den Joghurt rühren.

9 Gelatine unter Rühren erwärmen, bis sie gelöst ist, unter die Joghurtmasse rühren. Die Masse auf die Pfirsiche streichen und die Torte kalt stellen.

10 Die Milky-Way-Creme mit Sahnesteif steif schlagen, auf die Joghurtmasse geben, glatt streichen und mit einer Gabel leichte Vertiefungen eindrücken. Die Torte mit Kakao bestreuen und nochmals 3 Stunden kalt stellen.

Coca-Cola Torte

* Rezept nicht durch Coca-Cola autorisiert.

Zubereitungszeit: 30 Min., ohne Kühlzeit
Backzeit: 60–70 Min.

Insgesamt:
E: 79 g, F: 284 g, Kh: 914 g, kJ: 27970, kcal: 6679

Für den Teig:

- **250 g Butter**
- **250 ml (1/4 l) Coca-Cola**
- **300 g Weizenmehl**
- **3 EL Kakaopulver**
- **300 g Zucker**
- **1 Pck. Vanillin-Zucker**
- **2 Eier (Größe M)**
- **125 ml (1/8 l) Buttermilch**
- **1 TL Natron**
- **3 Tassen (etwa 80 g) runde Marshmallows (Schaumzuckerware)**

Für den Guss:

- **250 g Puderzucker**
- **50 g Butter**
- **3 EL Kakaopulver**
- **knapp 100 ml Coca-Cola**

- **75 g Walnusskerne**

1 Für den Teig Butter und Cola verrühren und aufkochen lassen.

2 Mehl und Kakao mischen, in eine Rührschüssel sieben und mit Zucker und Vanillin-Zucker mischen. Die heiße Butter-Cola-Flüssigkeit darauf gießen und alles mit Handrührgerät mit Rührbesen miteinander verrühren.

3 Eier verquirlen und unterrühren. Nacheinander Buttermilch, Natron und Marshmallows unterrühren. Den Teig in eine Springform (Ø 26 cm, Boden gefettet) füllen (der Teig ist sehr flüssig, und die Marshmallows schwimmen obenauf!). Die Form auf dem Rost in den Backofen schieben.

Ober-/Unterhitze: etwa 180 °C (vorgeheizt)
Heißluft: etwa 160 °C (nicht vorgeheizt)
Gas: Stufe 2–3 (nicht vorgeheizt)
Backzeit: 60–70 Min.

4 Nach Beendigung der Backzeit mit einem Holzstäbchen in den Boden stechen und prüfen, ob er gar ist. Den garen Boden aus der Form lösen und auf einen Kuchenrost legen.

5 Für den Guss Puderzucker in eine Schüssel sieben. Butter, Kakao und Cola unter Rühren aufkochen lassen, ebenfalls in die Schüssel geben und alles glatt rühren. Den Guss über den noch warmen Kuchen geben.

6 Die Walnusskerne grob hacken und auf den Guss streuen. Die Torte bis zum Verzehr einige Zeit kalt stellen.

Tipp:
Die Springform muss absolut dicht sein, da der Teig sehr flüssig ist. Die Form evtl. mit Alufolie abdichten. Anstelle der Marshmallows kann auch grob zerkleinerter „Mäusespeck" verwendet werden.

Fantaschnitten mit Pfirsichschmand

* Rezept nicht durch Coca-Cola autorisiert.

Zubereitungszeit: 35 Min.
Backzeit: etwa 25 Min.

Insgesamt:
E: 89 g, F: 443 g, Kh: 720 g, kJ: 31248, kcal: 7468

Für den Teig:

- **4 Eier (Größe M)**
- **250 g Zucker**
- **1 Pck. Vanillin-Zucker**
- **125 ml (1/8 l) Speiseöl**
- **150 ml Fanta**
- **250 g Weizenmehl**
- **3 gestr. TL Backpulver**

Für den Belag:

- **2 Dosen Pfirsiche (à 470 g Abtropfgewicht)**
- **600 ml Schlagsahne**
- **3 Pck. Sahnesteif**
- **5 Pck. Vanillin-Zucker**
- **500 g Schmand**

- **Zimtzucker**

1 Für den Teig Eier, Zucker und Vanillin-Zucker mit Handrührgerät mit Rührbesen auf höchster Stufe schaumig schlagen. Öl und Fanta unterrühren.

2 Mehl und Backpulver mischen, sieben und portionsweise auf mittlerer Stufe unterrühren. Den Teig auf ein gefettetes Backblech streichen. Das Backblech in den Backofen schieben.

Ober-/Unterhitze:
etwa 180 °C (vorgeheizt)
Heißluft: etwa 160 °C (vorgeheizt)
Gas: Stufe 2–3 (vorgeheizt)
Backzeit: etwa 25 Min.

3 Den Kuchen auf dem Backblech erkalten lassen.

4 Für den Belag Pfirsiche auf einem Sieb abtropfen lassen und in kleine Stücke schneiden. Sahne mit Sahnesteif und 3 Päckchen Vanillin-Zucker steif schlagen.

5 Schmand mit dem restlichen Vanillin-Zucker verrühren. Pfirsichstücke unter den Schmand rühren und Sahne locker unterheben. Die Masse gleichmäßig auf den Kuchen streichen und mit Zimtzucker bestreuen.

Tipp:

Anstelle der Pfirsiche 2 Dosen Mandarinen (à 175 g Abtropfgewicht) verwenden.
Der Schmand kann auch durch Crème fraîche ersetzt werden.

Toffifee-Torte

Zubereitungszeit: 50 Min.
Backzeit: 25–30 Min.

Insgesamt:
E: 72 g, F: 275 g, Kh: 318 g, kJ: 17428, kcal: 4164

Für den Biskuitteig:

- **100 g Löffelbiskuits**
- **100 g gemahlene Haselnusskerne**
- **3 Eiweiß (Größe M)**
- **150 g Zucker**
- **3 Eigelb (Größe M)**
- **25 g Weizenmehl**
- **1 gestr. TL Backpulver**

Für die Füllung:

- **5 Blatt weiße Gelatine**
- **10 Toffifees**
- **500 ml (½ l) Schlagsahne**
- **1 Pck. Instant-Trinkschokoladen-Pulver (22 g)**

Zum Bestreichen:

- **1 EL Zucker**
- **2 EL Wasser**
- **30 g Aprikosenkonfitüre**

- **14 Toffifees**

1 Für den Teig Löffelbiskuits in einen Gefrierbeutel geben, den Beutel verschließen und die Löffelbiskuits mit einer Teigrolle zerdrücken. Haselnusskerne in einer Pfanne ohne Fett anrösten.

2 Eiweiß mit der Hälfte des Zuckers steif schlagen. Eigelb mit dem restlichen Zucker mit Handrührgerät mit Rührbesen etwa 4 Minuten cremig schlagen. Das steif geschlagene Eiweiß darauf geben und unterheben.

3 Mehl mit Backpulver mischen, sieben, mit Löffelbiskuitbröseln und Haselnusskernen hinzufügen und vorsichtig unterheben. Den Teig in eine Springform (Ø 24 cm, Boden gefettet, mit Backpapier belegt) füllen. Die Form auf dem Rost in den Backofen schieben und sofort backen.

Ober-/Unterhitze:
etwa 180 °C (vorgeheizt)
Heißluft: etwa 160 °C (vorgeheizt)
Gas: Stufe 2–3 (vorgeheizt)
Backzeit: 25–30 Min.

4 Den Boden aus der Form lösen, auf einen mit Backpapier belegten Kuchenrost stürzen, das mitgebackene Backpapier abziehen und den Boden erkalten lassen. Den erkalteten Boden einmal waagerecht durchschneiden.

5 Für die Füllung Gelatine nach Packungsaufschrift einweichen. Toffifees fein hacken. Gelatine ausdrücken und auflösen. Die Sahne fast steif schlagen, Gelatinelösung unter Schlagen hinzufügen und die Sahne vollkommen steif schlagen.

6 Unter die Hälfte der Sahne die Toffifeebrösel rühren, unter die andere Hälfte das Trinkschokoladen-Pulver. Die Schokoladensahne in einen Spritzbeutel mit Sterntülle füllen. Auf den unteren Boden mit der Schokoladensahne von außen einen etwa 3 cm breiten Ring spritzen, die restliche Schokoladensahne zum Verzieren zurücklassen.

7 Die Mitte des Bodens mit gut ¾ der Toffifeesahne bestreichen, den oberen Boden darauf legen und gut andrücken.

8 Zucker mit Wasser unter Rühren zum Kochen bringen, bis sich der Zucker gelöst hat. Aprikosenkonfitüre durch ein Sieb streichen und hinzugeben. So lange unter Rühren kochen lassen, bis die Masse anfängt dicklich zu werden. Den oberen Boden damit bestreichen.

9 In die Mitte der Tortenoberfläche einen Kreis aus der restlichen Toffifeesahne streichen. Die Torte mit der zurückgelassenen Schokoladensahne verzieren und mit Toffifees garnieren.

Maikäfer

Zubereitungszeit: 30 Min., ohne Kühlzeit
Backzeit: etwa 15 Min.

Insgesamt:
E: 47 g, F: 272 g, Kh: 359 g, kJ: 17634, kcal: 4214

Für den Knetteig:
- **150 g Weizenmehl**
- **40 g Zucker**
- **1 Pck. Vanillin-Zucker**
- **100 g Butter oder Margarine**

Für den Guss:
- **50 g Zartbitterschokolade**
- **½ TL Kokosfett**

Für den Belag:
- **1 Glas Sauerkirschen (Abtropfgewicht 370 g)**
- **125 ml (⅛ l) Sauerkirschsaft**
- **20 g Speisestärke**
- **500 ml (½ l) Schlagsahne**
- **2 Pck. Sahnesteif**
- **1 Pck. Vanillin-Zucker**
- **40 g kakaohaltiges Getränkepulver**

Zum Bestäuben:
- **1 EL kakaohaltiges Getränkepulver oder Kakaopulver**

Zum Garnieren:
- **Schokolinsen**
- **Lakritz-Schnecken**

1 Für den Teig das Mehl in eine Rührschüssel sieben. Zucker, Vanillin-Zucker und Butter oder Margarine hinzufügen. Die Zutaten mit Handrührgerät mit Knethaken zunächst auf niedrigster, dann auf höchster Stufe gut durcharbeiten, anschließend auf der Arbeitsfläche zu einem glatten Teig verkneten und etwa 30 Minuten kalt stellen.

2 Den Teig nochmals durchkneten, zu einer ovalen Platte (½ cm dick) ausrollen, auf ein mit Backpapier belegtes Backblech legen und daraus den Käfer-Rumpf mit Kopf (insgesamt etwa 35 cm lang) ausschneiden. Aus dem restlichen Teig 6 Füße formen und an den Rumpf setzen. Backblech in den Backofen schieben.

Ober-/Unterhitze:
etwa 180 °C (vorgeheizt)
Heißluft: etwa 160 °C (vorgeheizt)
Gas: Stufe 2–3 (vorgeheizt)
Backzeit: etwa 15 Min.

3 Das Backpapier vom Backblech auf einen Kuchenrost ziehen, das Gebäck vom Backpapier lösen, aber darauf erkalten lassen.

4 Für den Guss Schokolade mit dem Kokosfett in einem Topf im Wasserbad bei schwacher Hitze geschmeidig rühren, die Füße damit bestreichen und fest werden lassen.

5 Für den Belag Sauerkirschen auf einem Sieb abtropfen lassen, dabei den Saft auffangen und 125 ml (⅛ l) davon abmessen. Vom Saft 3 Esslöffel abnehmen und Speisestärke damit verrühren, restlichen Saft in einem Topf zum Kochen bringen. Angerührte Speisestärke einrühren und unter Rühren kurz aufkochen lassen. Den Topf von der Kochstelle nehmen, die Kirschen unterrühren und etwas abkühlen lassen.

6 Die Kirschmasse bergartig auf dem Rumpf verteilen (2 cm am Rand frei lassen) und erkalten lassen.

7 Sahne mit Sahnesteif und Vanillin-Zucker steif schlagen. 1–2 Esslöffel davon in einen Spritzbeutel mit kleiner Lochtülle füllen. Unter die restliche Sahnemasse kakaohaltiges Getränkepulver rühren, bergartig über die Kirschmasse verteilen und zu einem Hügel verstreichen.

8 Zum Bestäuben den Kopf mit kakaohaltigem Getränkepulver oder Kakaopulver dick bestäuben, Rumpf und Füße nur leicht bestäuben. Den Käfer mit der Sahne aus dem Spritzbeutel verzieren.

9 Zum Garnieren den Käfer mit Schokolinsen und ausgerollten Lakritz-Schnecken garnieren.

Schornsteinfegertorte

Zubereitungszeit: 40 Min., ohne Kühlzeit
Backzeit: 10–15 Min.

Insgesamt:
E: 66 g, F: 245 g, Kh: 199 g, kJ: 14183, kcal: 3389

Für den Boden:
- **125 g Mini-Butterkekse mit Schokoladenüberzug**
- **50 g Butter**

- **Semmelbrösel**

Für den Belag:
- **2 Eier (Größe M)**
- **25 g Zucker**
- **75 g Zartbitterschokolade**
- **200 g Doppelrahm-Frischkäse**

- **200 ml Schlagsahne**
- **1 Pck. Sahnesteif**
- **25 g geriebene Zartbitterschokolade**
- **etwa 40 Mini-Butterkekse mit Schokoladenüberzug**

1 Für den Boden Butterkekse in einen Gefrierbeutel geben, den Beutel verschließen, die Kekse mit einer Teigrolle zerdrücken und in eine Schüssel geben. Butter zerlassen und unter die Kekskrümel mischen.

2 Die Keks-Butter-Masse in einer Springform (Ø 20 cm, Boden gefettet, mit Semmelbröseln bestreut) verteilen. Die Form auf dem Rost in den Backofen schieben.

Ober-/Unterhitze: etwa 180 °C (vorgeheizt)
Heißluft: etwa 160 °C (vorgeheizt)
Gas: Stufe 2–3 (vorgeheizt)
Backzeit: 10–15 Min.

3 Den Boden in der Form erkalten lassen.

4 Für den Belag Eier und Zucker im Wasserbad zu einer cremigen Masse aufschlagen. Die Schüssel aus dem Wasserbad nehmen und die Masse kalt schlagen.

5 Schokolade grob zerkleinern, in einem kleinen Topf im Wasserbad bei schwacher Hitze zu einer geschmeidigen Masse verrühren und etwas abkühlen lassen. Den Frischkäse unterrühren.

6 Die Eimasse vorsichtig unterheben, alles auf den Boden in die Form geben und glatt streichen. Die Torte 2–3 Stunden kalt stellen.

7 Vor dem Servieren die Torte aus der Form lösen und die Oberfläche in 8 Tortenstücke einteilen. Die Sahne mit Sahnesteif steif schlagen, die Schokolade unterheben (etwas zum Bestreuen zurücklassen) und in einen Spritzbeutel mit Lochtülle füllen.

8 Auf jedes Tortenstück je 1 großen und 1 kleinen „Sahneschornstein“ spritzen und die Mini-Butterkekse darumstellen. Die Torte mit der zurückgelassenen Schokolade bestreuen.

Tipp:
Nur ganz frische Eier verwenden.

Fantatorte

*Rezept nicht durch Coca-Cola autorisiert.

Zubereitungszeit: 50 Min., ohne Kühlzeit
Backzeit: etwa 40 Min.

Insgesamt:
E: 95 g, F: 291 g, Kh: 483 g, kJ: 21256, kcal: 5079

Für den Knetteig:
- **125 g Weizenmehl**
- **50 g Zucker**
- **1 Pck. Vanillin-Zucker**
- **2 EL Fanta Orange**
- **100 g Butter**

Für den Biskuitteig:
- **3 Eier (Größe M)**
- **125 g Zucker**
- **1 Pck. Vanillin-Zucker**
- **100 g Weizenmehl**
- **1 gestr. TL Backpulver**
- **4 Tropfen Butter-Vanille-Aroma**
- **50 g abgezogene, gemahlene Mandeln**
- **75 g zerlassene, abgekühlte Butter**

- **2 EL Johannisbeergelee**

Für die Füllung:
- **5 Blatt weiße Gelatine**
- **3 Eier (Größe M)**
- **50 g Zucker**
- **250 ml (¹/₄ l) Fanta Orange**
- **1 Pck. Orangenfrucht**
- **250 ml (¹/₄ l) Schlagsahne**

Für den Guss:
- **4 Blatt weiße Gelatine**
- **250 ml (¹/₄ l) Fanta Orange**

1 Für den Knetteig Mehl in eine Rührschüssel sieben. Zucker, Vanillin-Zucker, Fanta und Butter hinzufügen. Die Zutaten mit Handrührgerät mit Knethaken zunächst kurz auf niedrigster, dann auf höchster Stufe gut durcharbeiten.

2 Anschließend auf der bemehlten Arbeitsfläche zu einem glatten Teig verkneten. Den Teig auf einem gefetteten Springformboden (Ø 26 cm) ausrollen und mehrmals mit einer Gabel einstechen. Den Springformrand um den Boden legen. Die Form auf dem Rost in den Backofen schieben.

Ober-/Unterhitze:
etwa 180 °C (vorgeheizt)
Heißluft: etwa 160 °C (vorgeheizt)
Gas: Stufe 2–3 (vorgeheizt)
Backzeit: etwa 15 Min.

3 Für den Biskuitteig Eier mit Handrührgerät mit Rührbesen auf höchster Stufe in 1 Minute schaumig schlagen. Zucker mit Vanillin-Zucker mischen, in 1 Minute einstreuen, dann noch etwa 2 Minuten schlagen.

4 Mehl mit Backpulver mischen, die Hälfte davon auf die Eiercreme sieben und kurz auf niedrigster Stufe unterrühren. Den Rest des Mehlgemisches auf dieselbe Weise unterarbeiten. Butter-Vanille-Aroma, Mandeln und Butter unterrühren. Den Teig in eine Springform (Ø 26 cm, Boden gefettet, mit Backpapier belegt) geben und glatt streichen. Die Form auf dem Rost in den Backofen schieben.

Ober-/Unterhitze:
etwa 180 °C (vorgeheizt)
Heißluft: etwa 160 °C (vorgeheizt)
Gas: Stufe 2–3 (vorgeheizt)
Backzeit: etwa 25 Min.

5 Den Boden aus der Form lösen, auf einen Kuchenrost stürzen, das Backpapier entfernen und den Boden erkalten lassen.

6 Den Knetteigboden auf eine Tortenplatte legen und mit dem Gelee bestreichen. Den Biskuitboden darauf legen und etwas andrücken. Einen Tortenring darumlegen.

7 Für die Füllung Gelatine nach Packungsaufschrift einweichen und auflösen. Die Eier mit dem Zucker im Wasserbad schaumig rühren. Gelatine, Fanta und Orangenfrucht hinzugeben und unterrühren. Die Masse kühl stellen.

(Fortsetzung Seite 66)

8 Sobald die Eier-Gelatine-Masse anfängt dicklich zu werden, die Sahne steif schlagen und unterheben. Die Füllung auf den Biskuitboden streichen. Die Torte etwa 3 Stunden kalt stellen.

9 Für den Guss Gelatine nach Packungsaufschrift einweichen. Fanta mit einer Gabel so lange schlagen, bis die Kohlensäure vollständig entwichen ist. Gelatine auflösen, mit der Fanta verrühren und etwas stehen lassen. Die Flüssigkeit dann vorsichtig auf die Creme gießen und fest werden lassen.

■ **Tipp:**
Nach Belieben die Orangenfilets mit aufgelöster Schokolade verzieren und die Torte damit garnieren.

Zitronen-Butterkeks-Kuchen

Zubereitungszeit: 35 Min., ohne Durchziehzeit
Backzeit: etwa 30 Min.

Insgesamt:
E: 101 g, F: 390 g, Kh: 798 g, kJ: 30589, kcal: 7307

Für den Rührteig:
- **200 g Butter oder Margarine**
- **200 g Zucker**
- **1 Pck. Vanillin- Zucker**
- **4 Eier (Größe M)**
- **250 g Weizenmehl**
- **½ Pck. Backpulver**
- **Saft von 1½ Zitronen**

Für den Belag:
- **1 Pck. Pudding-Pulver Vanille-Geschmack**
- **40 g Zucker**
- **500 ml (½ l) Milch**
- **500 ml (½ l) Schlagsahne**
- **30 Butterkekse**

Für den Guss:
- **200 g Puderzucker**
- **2 EL Wasser**
- **3–4 EL Zitronensaft**

1 Für den Rührteig Butter oder Margarine mit Handrührgerät mit Rührbesen auf höchster Stufe geschmeidig rühren. Nach und nach Zucker und Vanillin-Zucker unterrühren, so lange rühren, bis eine gebundene Masse entstanden ist. Eier nach und nach unterrühren (jedes Ei etwa ½ Minute).

2 Mehl mit Backpulver mischen, sieben und abwechselnd portionsweise mit Zitronensaft auf mittlerer Stufe unterrühren (nur so viel Zitronensaft verwenden, dass der Teig schwer-reißend von einem Löffel fällt). Den Teig auf ein gefettetes Backblech (30 x 40 cm) streichen und in den Backofen schieben.

Ober-/Unterhitze:
etwa 200 °C (vorgeheizt)
Heißluft: etwa 180 °C (vorgeheizt)
Gas: Stufe 3–4 (vorgeheizt)
Backzeit: etwa 30 Min.

3 Für den Belag aus Pudding-Pulver, Zucker und Milch nach Packungsaufschrift einen Pudding zubereiten, auf den fertigen Kuchen streichen und gut abkühlen lassen.

4 Sahne steif schlagen, auf dem Pudding verteilen und mit den Butterkeksen belegen.

5 Für den Guss Puderzucker, Wasser und Zitronensaft verrühren und auf den Butterkeksen verteilen. Den Kuchen mindestens 5 Stunden durchziehen lassen.

Schokokusstorte mit Kirschen

Zubereitungszeit: 45 Min., ohne Kühlzeit
Backzeit: 25–30 Min.

Insgesamt:
E: 104 g, F: 263 g, Kh: 646 g, kJ: 23410, kcal: 5556

Für den Biskuitteig:

- **4 Eier (Größe M)**
- **4 EL heißes Wasser**
- **175 g Zucker**
- **1 Pck. Vanillin-Zucker**
- **150 g Weizenmehl**
- **50 g Speisestärke**
- **2 TL Backpulver**

Für die Füllung:

- **1 Glas Kaiserkirschen entsteint (Einwaage 400 g)**
- **12 Schokoküsse**
- **250 g Sahnequark**
- **1 TL Zitronensaft**
- **25 g Zucker**
- **150 g saure Sahne**
- **400 ml Schlagsahne**
- **3 Pck. Sahnesteif**

- **einige Mini-Schokoküsse Zartbitter, Vollmilch, Weiße Schokolade**
- **etwas geraspelte Schokolade**

1 Für den Biskuitteig Eier und Wasser mit Handrührgerät mit Rührbesen auf höchster Stufe in 1 Minute schaumig schlagen.

2 Zucker mit Vanillin-Zucker mischen, in 1 Minute einstreuen, dann noch etwa 2 Minuten schlagen.

3 Mehl, Speisestärke und Backpulver mischen, die Hälfte davon auf die Eiercreme sieben und kurz auf niedrigster Stufe unterrühren. Den Rest des Mehlgemisches auf die gleiche Weise unterarbeiten.

4 Den Teig in eine Springform (Ø 28 cm, Boden gefettet, mit Backpapier belegt) füllen. Die Form sofort auf dem Rost in den Backofen schieben.

Ober-/Unterhitze:
etwa 180 °C (vorgeheizt)
Heißluft: etwa 160 °C (vorgeheizt)
Gas: Stufe 2–3 (vorgeheizt)
Backzeit: 25–30 Min.

5 Den Tortenboden aus der Form lösen, auf einen Kuchenrost stürzen, das Backpapier abziehen und den Boden erkalten lassen. Ihn einmal waagerecht durchschneiden.

6 Für die Füllung Kirschen auf einem Sieb gut abtropfen lassen. 10–12 Kirschen zum Garnieren zurücklassen, die restlichen auf dem unteren Boden verteilen.

7 Die Waffeln der Schokoküsse vorsichtig abtrennen. Die Schaummasse mit Quark, Zitronensaft, Zucker und saurer Sahne mit Handrührgerät mit Rührbesen verrühren. Sahne mit Sahnesteif steif schlagen und portionsweise unter die Quarkmasse heben.

8 Zwei Drittel der Masse gleichmäßig auf die Kirschen streichen und den oberen Boden darauf legen. Mit der restlichen Masse Tortenoberfläche und -rand bestreichen. Die Torte etwa 1 Stunde kühl stellen.

9 Die Torte mit Schokoküssen, Kirschen und Schokolade garnieren.

Nilpferd-Torte

Zubereitungszeit: 35 Min.
Backzeit: etwa 35 Min.

Insgesamt:
E: 106 g, F: 363 g, Kh: 389 g, kJ: 22558, kcal: 5398

Für den Biskuitteig:
- **6 Eier (Größe M)**
- **100 g Zucker**
- **175 g Weizenmehl**
- **1 gestr. TL Backpulver**
- **100 g grob gehackte Blockschokolade**
- **100 g zerlassene, abgekühlte Butter**

Für die Füllung:
- **5 Schokoladen-Haselnuss-Snacks in Nilpferdform**
- **400 ml Schlagsahne**
- **1 Pck. Vanillin-Zucker**
- **2 Pck. Sahnesteif**

- **4 Schokoladen-Haselnuss-Snacks in Nilpferdform**
- **geriebene Schokolade oder gemahlene Haselnusskerne**

1 Für den Biskuitteig Eier mit Handrührgerät mit Rührbesen auf höchster Stufe in 1 Minute schaumig schlagen. Zucker in 1 Minute einstreuen, dann noch etwa 2 Minuten schlagen.

2 Mehl mit Backpulver mischen, die Hälfte davon auf die Eiercreme sieben und kurz auf niedrigster Stufe unterrühren. Den Rest des Mehlgemisches auf die gleiche Weise unterarbeiten. Schokolade kurz auf niedrigster Stufe unterrühren. Butter unterrühren.

3 Den Teig in eine Springform (Ø 22 cm, Boden gefettet, mit Backpapier belegt) füllen. Die Form auf dem Rost in den Backofen schieben und sofort backen.

Ober-/Unterhitze: etwa 180 °C (vorgeheizt)
Heißluft: etwa 160 °C (nicht vorgeheizt)
Gas: Stufe 2–3 (nicht vorgeheizt)
Backzeit: etwa 35 Min.

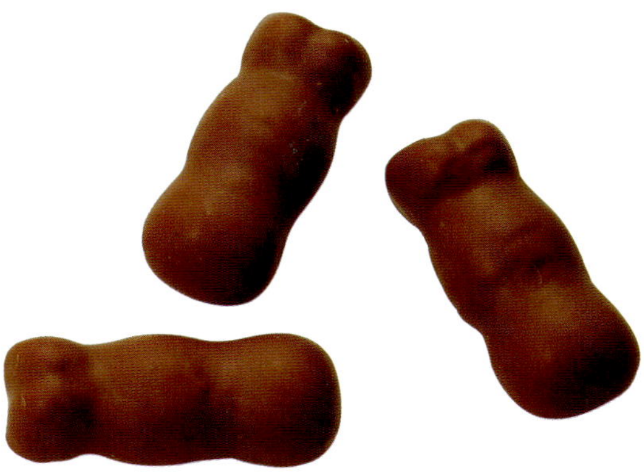

4 Den Biskuitboden aus der Form lösen, auf einen Kuchenrost stürzen, das Backpapier abziehen und den Boden erkalten lassen. Den erkalteten Boden einmal waagerecht durchschneiden.

5 Für die Füllung die Snacks in einer Rührschüssel zerkleinern und den unteren Boden mit der Masse bestreichen.

6 Die Sahne mit Vanillin-Zucker und Sahnesteif steif schlagen. Etwa die Hälfte der Sahne auf die Snack-Masse streichen und den zweiten Boden darauf legen.

7 Einen Teil der übrigen Sahne in einen Spritzbeutel mit großer Sterntülle geben. Mit der restlichen Sahne Tortenrand und -oberfläche bestreichen. Acht Sahnetuffs auf die Tortenoberfläche spritzen.

8 Die Snacks längs halbieren und an jeden Sahnetuff 1 Snackhälfte legen. In die Mitte der Torte einen Kreis aus Schokolade oder Haselnusskernen streuen. Den Tortenrand nach Belieben mit geriebener Schokolade bestreuen.

Karussell

Zubereitungszeit: 60 Min.
Backzeit: etwa 45 Min.

Insgesamt:
E: 66 g, F: 140 g, Kh: 1229 g, kJ: 27861, kcal: 6653

Für den Rührteig:

- **125 g Butter oder Margarine**
- **100 g Zucker**
- **1 Pck. Vanillin-Zucker**
- **2 Eier (Größe M)**
- **175 g Weizenmehl**
- **½ gestr. TL Backpulver**
- **1 Pck. (15 g) Saucenpulver Vanille-Geschmack (zum Kochen)**
- **1 EL Milch oder Schlagsahne**

Für den Biskuitteig:

- **2 Eier (Größe M)**
- **1 EL heißes Wasser**
- **100 g Zucker**
- **1 Pck. Vanillin-Zucker**
- **100 g Weizenmehl**
- **50 g Speisestärke**
- **1 gestr. TL Backpulver**

Für den Guss:

- **etwa 200 g gesiebter Puderzucker**
- **3–4 EL Orangensaft**

Zum Verzieren und Garnieren:

- **etwa 12 Brausepulverkissen aus Esspapier**
- **Zuckerschrift in verschiedenen Farben**
- **etwa 13 Zuckerstangen**
- **Fruchtgummiband**
- **bunte Zuckerstreusel**
- **1 Fruchtgummi-Himbeere**

1 Für den Rührteig Butter oder Margarine mit Handrührgerät mit Rührbesen auf höchster Stufe geschmeidig rühren. Nach und nach Zucker und Vanillin-Zucker unterrühren. So lange rühren, bis eine gebundene Masse entstanden ist.

2 Eier nach und nach unterrühren (jedes Ei etwa ½ Minute). Mehl mit Back- und Saucenpulver mischen, sieben, abwechselnd mit Milch oder Sahne portionsweise auf mittlerer Stufe unterrühren. Den Teig in eine Springform (Ø 24 cm, Boden gefettet, mit Backpapier belegt) füllen, glatt streichen und auf dem Rost in den Backofen schieben.

Ober-/Unterhitze:
etwa 180 °C (vorgeheizt)
Heißluft: etwa 160 °C (vorgeheizt)
Gas: Stufe 2–3 (vorgeheizt)
Backzeit: etwa 25 Min.

3 Den Boden aus der Form lösen und auf einem Kuchenrost erkalten lassen

4 Für den Biskuitteig Eier mit Wasser in 1 Minute schaumig schlagen, Zucker und Vanillin-Zucker in 1 Minute einstreuen und noch etwa 2 Minuten schlagen. Mehl, Speisestärke und Backpulver mischen, die Hälfte auf die Eiercreme sieben, kurz auf niedrigster Stufe unterrühren. Den Rest des Mehlgemisches auf die gleiche Weise unterarbeiten.

5 Den Teig in eine Springform (Ø 24 cm, Boden gefettet, mit Backpapier belegt) füllen, glatt streichen und auf dem Rost in den Backofen schieben.

Ober-/Unterhitze:
etwa 180 °C (vorgeheizt)
Heißluft: etwa 160 °C (vorgeheizt)
Gas: Stufe 2–3 (vorgeheizt)
Backzeit: etwa 20 Min.

6 Den Biskuitboden aus der Form lösen, mitgebackenes Backpapier entfernen und auf einem Kuchenrost erkalten lassen.

7 Auf die Brausepulverkissen mit Zuckerschrift Gesichter malen, in unterschiedlichen Höhen mit der Zuckerschrift an 12 der Zuckerstangen kleben und fest werden lassen.

8 In den Rührteigboden 12 kleine Löcher im Kreis und 1 Loch in die Mitte für die Zuckerstangen

(Fortsetzung Seite 74)

bohren. Puderzucker mit Orangensaft zu einem dickflüssigen Guss anrühren und den Boden vollständig mit der Hälfte des Gusses bestreichen. Um den Rand des Bodens das Fruchtgummiband legen, Zuckerstreusel an den Rand streuen, die Zuckerstangen in die Löcher stecken und den Guss fest werden lassen.

9 Den Biskuitboden mit dem restlichen Guss überziehen und fest werden lassen. Etwas Zuckerschrift auf die Enden der Zuckerstangen geben und den Biskuitboden als Dach auf die Zuckerstangen setzen. Vorsichtig andrücken und fest werden lassen.

10 Das Dach nach Belieben mit Zuckerschrift verzieren und mit einer Fruchtgummi-Himbeere garnieren.

Popcorn-Zitronenquark-Torte

Zubereitungszeit: 25 Min., ohne Kühlzeit

Insgesamt:
E: 108 g, F: 165 g, Kh: 236 g, kJ: 12487, kcal: 2984

Für den Boden:

- **150 g Zartbitterschokolade**
- **75 g Popcorn**

Für den Belag:

- **8 Blatt weiße Gelatine**
- **500 g Magerquark**
- **150 g Magerjoghurt**
- **50 g Zucker**
- **Saft von 2 Zitronen**
- **etwas abgeriebene Zitronenschale (unbehandelt)**
- **200 ml Schlagsahne**

Zum Verzieren:

- **100 ml Schlagsahne**
- **50 g Zartbitterschokolade**

1 Für den Boden Schokolade grob zerkleinern, in einem kleinen Topf im Wasserbad bei schwacher Hitze zu geschmeidiger Masse verrühren. 12 Stück Popcorn zurücklassen, den Rest grob hacken und unter die Schokolade rühren. Boden und Rand einer Springform (Ø 26 cm) mit Backpapier auslegen, die Masse einfüllen, festdrücken und fest werden lassen.

2 Für den Belag Gelatine in wenig kaltem Wasser einweichen. Quark, Joghurt, Zucker, Zitronensaft und -schale zu einer einheitlichen Masse verrühren. Gelatine gründlich ausdrücken, auflösen und unter die Quark-Joghurt-Masse rühren.

3 Wenn die Masse anfängt zu gelieren, Sahne steif schlagen und unterrühren. Die Quarkmasse auf den Boden geben, glatt streichen und etwa 60 Minuten kühl stellen.

4 Torte aus der Form lösen, Backpapier entfernen. Sahne steif schlagen, mit einem Spritzbeutel Sahnetuffs auf die Torte spritzen.

5 Schokolade wie oben auflösen, zurückgelassenes Popcorn halb hineintauchen, fest werden lassen, auf die Sahnetuffs setzen. Torte mit der restlichen Schokolade verzieren.

Geburtstags-Gugelhupf

Zubereitungszeit: 25 Min., ohne Gehzeit
Backzeit: etwa 60 Min.

Insgesamt:
E: 120 g, F: 320 g, Kh: 887 g, kJ: 30112, kcal: 7195

Für den Hefeteig:
- **1 Pck. Trockenhefe**
- **1 TL Zucker**
- **200 ml lauwarme Schlagsahne**
- **500 g Weizenmehl**
- **125 g Zucker**
- **1 Pck. Vanillin-Zucker**
- **6 Tropfen Zitronen-Aroma**
- **1 Prise Salz**
- **4 Eier (Größe M)**
- **200 g zerlassene, abgekühlte Butter**
- **150 g Rosinen**
- **50 g Korinthen**
- **100 g nicht abgezogene, gehackte Mandeln**

Für den Guss:
- **200 g gesiebter Puderzucker**
- **etwa 3 EL Zitronensaft**

Zum Garnieren:
- **etwa 50 g bunte Schokoladenlinsen**
- **kleine Kerzen**
- **kleine Kerzenständer**

1 Für den Teig Trockenhefe mit Zucker und Sahne in einer kleinen Schüssel sorgfältig verrühren und etwa 15 Minuten bei Zimmertemperatur stehen lassen. Weizenmehl in eine Rührschüssel sieben, in die Mitte eine Vertiefung eindrücken und Zucker, Vanillin-Zucker, Aroma, Salz, Eier und Butter an den Rand des Mehls geben.

2 Die angesetzte Hefe in die Vertiefung geben. Die Zutaten mit Handrührgerät mit Knethaken zunächst auf niedrigster, dann auf höchster Stufe in etwa 5 Minuten zu einem Teig verarbeiten. Den Teig zugedeckt an einem warmen Ort so lange stehen lassen, bis er sich sichtbar vergrößert hat und ihn dann auf höchster Stufe nochmals kurz durchkneten. Zum Schluss kurz Rosinen, Korinthen und Mandeln unter den Teig arbeiten.

3 Den Teig in eine gefettete, gemehlte Napfkuchenform (Ø 24 cm) füllen, und nochmals so lange an einem warmen Ort gehen lassen, bis er sich sichtbar vergrößert hat. Die Form auf dem Rost in den Backofen stellen.

Ober-/Unterhitze: etwa 180 °C (vorgeheizt)
Heißluft: etwa 160 °C (nicht vorgeheizt)
Gas: Stufe 2–3 (nicht vorgeheizt)
Backzeit: etwa 60 Min.

4 Den Kuchen nach dem Backen etwa 10 Minuten in der Form stehen lassen, dann auf einen Kuchenrost stürzen und erkalten lassen.

5 Für den Guss den Puderzucker mit dem Zitronensaft zu einer dickflüssigen Masse verrühren und gleichmäßig über den Gugelhupf laufen lassen, so dass er in „Nasen“ herunterläuft.

6 Zum Garnieren Schokoladenlinsen auf dem noch feuchen Zitronenguss verteilen und die Kerzen in Kerzenständern oben in den Kuchen stecken.

Tipp:
Der Gugelhupf ist ohne Guss gefriergeeignet.

Variante:
Sie können auch einen Gugelhupf mit kunterbunter Füllung backen. Dazu 100 g Butter oder Margarine mit Handrührgerät mit Rührbesen auf höchster Stufe geschmeidig rühren. Nach und nach 150 g Zucker, 1 Päckchen Vanillin-Zucker und 1 Päckchen Finesse Orangenfrucht unterrühren. So lange

(Fortsetzung Seite 78)

rühren, bis eine gebundene Masse entstanden ist. 2 Eier (Größe M) nach und nach unterrühren (jedes Ei etwa 1/2 Minute). 250 g Weizenmehl mit 3 gestrichenen Teelöffeln Backpulver mischen, sieben und abwechselnd mit 125 ml Schlagsahne portionsweise auf mittlerer Stufe unterrühren. 200 g getrocknete Aprikosen und 50 g Belegkirschen würfeln, mit 25 g gehackten Pistazien, 100 g Kokosraspel und 100 g gehobelten Mandeln kurz unter den Teig rühren. Teig in eine gefettete, bemehlte Napfkuchenform (Ø 22 cm) füllen, auf dem Rost in den Backofen stellen und **wie im Rezept angegeben** backen. Dann wie im Rezept angegeben fortfahren. Am besten schmeckt der kunterbunte Gugelhupf, wenn Sie ihn 2 Tage ohne Guss in Alufolie verpackt durchziehen lassen.

Cini-Mini-Torte

Zubereitungszeit: 45 Min., ohne Kühlzeit

Insgesamt:
E: 46 g, F: 267 g, Kh: 335 g, kJ: 17081, kcal: 4083

Für den Boden:
- **150 g Cini-Minis (Zimt-Flakes)**
- **150 g Butter**

Für die Creme:
- **1 Glas Sauerkirschen (Abtropfgewicht 370 g)**
- **6 Blatt weiße Gelatine**
- **500 g Vollmilchjoghurt**
- **Saft einer Zitrone**
- **50 g Zucker**
- **1 Pck. Vanillin-Zucker**
- **200 ml Schlagsahne**

- **200 ml Schlagsahne**
- **1 Pck. Sahnesteif**
- **2 EL Cini-Minis (Zimt-Flakes)**

1 Die Cini-Minis in einen Gefrierbeutel füllen, den Beutel verschließen, mit einer Teigrolle fein zerdrücken und in eine Schüssel geben. Die Butter zerlassen, zu den Bröseln geben und gut verrühren.

2 Einen eckigen Backrahmen (21 x 23 cm) auf eine Tortenplatte stellen (oder Boden und Rand einer rechteckigen Auflaufform in der angegebenen Größe mit Backpapier auslegen). Die Masse einfüllen, verteilen und fest andrücken.

3 Für die Creme Sauerkirschen auf einem Sieb abtropfen lassen. Gelatine nach Packungsaufschrift einweichen. Joghurt mit Zitronensaft, Zucker und Vanillin-Zucker verrühren. Die Gelatine ausdrücken, auflösen und unter den Joghurt rühren.

4 Die abgetropften Sauerkirschen unter die Joghurtmasse heben. Sobald die Masse anfängt dicklich zu werden, Sahne steif schlagen und unterheben. Die Joghurt-Kirsch-Creme auf den Boden geben und glatt streichen. Die Torte etwa 3 Stunden kalt stellen.

5 Den Backrahmen entfernen (oder die Torte aus der Form lösen und das Backpapier entfernen). Sahne mit Sahnesteif steif schlagen und in einen Spritzbeutel mit runder Tülle füllen. Die Torte damit verzieren und mit Cini-Minis garnieren.

Tipp:
Nach Belieben können anstelle der Sauerkirschen auch andere Obstarten verwendet werden. Die Torte kann auch in einer Springform (Ø 24 cm) zubereitet werden.

Clowntorte

Zubereitungszeit: 40 Min., ohne Kühlzeit

Insgesamt:
E: 55 g, F: 120 g, Kh: 396 g, kJ: 13135, kcal: 3138

Für den Boden:

- **1 Pck. (200 g) Schoko-Knusperreis-Quadrate**
- **30 g bunter Knusper-Puffreis**

Für die Füllung:

- **1 Dose kleine Ananas in Scheiben (Abtropfgewicht 140 g)**
- **1 Dose Fruchtcocktail (Abtropfgewicht 250 g)**
- **8 Blatt weiße Gelatine**
- **250 ml (1/4 l) Schlagsahne**
- **1 Becher (500 g) Ananas-joghurt**
- **200 ml Ananas-Frucht-cocktail-Saftmischung**
- **1 Pck. Frucht-Zauber Birne (Fruchtmuspulver)**

Zum Garnieren:

- **1 Nektarine**
- **Saft einer 1/2 Zitrone**
- **20 Mandarinenfilets**
- **2 Schokoladen-Dekortaler**
- **rote Fruchtgummischnüre**
- **einige rote Kaiserkirschen ohne Stein**
- **2 rote, runde Pflaumen**

1 Für den Boden Knusperreis in Stücke brechen (1 Quadrat beiseite legen) und in einem Topf im Wasserbad unter Rühren schmelzen lassen. Einen Tortenring (Ø 26 cm) auf eine mit Backpapier belegte Tortenplatte legen. Die Knusperreismasse darauf streichen, mit buntem Puffreis bestreuen und leicht andrücken. Masse im Tortenring kalt stellen.

2 Für die Füllung Ananasscheiben und Fruchtcocktail auf ein Sieb geben und abtropfen lassen, den Saft dabei auffangen. Zwei Ananasscheiben beiseite legen, die restlichen Scheiben klein schneiden.

3 Gelatine nach Packungsanleitung einweichen. Sahne steif schlagen. Joghurt mit Saft und Fruchtmuspulver mit dem Schneebesen gut verrühren. Gelatine ausdrücken, auflösen und unterrühren, Sahne und Früchte unterheben. Masse auf den fest gewordenen Reisboden füllen, glatt streichen und die Torte 2 Stunden kalt stellen.

4 Zum Garnieren die Torte mit Hilfe eines Messers aus dem Tortenring lösen. Nektarine waschen, abtrocknen, halbieren, entsteinen und in feine Spalten schneiden. Spalten mit Zitronensaft beträufeln und als Haare auf die Torte legen. Beiseite gelegtes Knusperreis-Quadrat zerbröseln und darüber streuen.

5 Die beiseite gelegten Ananasscheiben als Augen und die Mandarinen als Mund auf die Torte legen. Auf die „Augen" die Dekortaler legen, darauf die zurecht geschnittenen Fruchtgummischnüre legen. Die gut abgetropften Kirschen auf den „Mund" legen. Pflaumen waschen, abtrocknen und eine Pflaume als Nase auf die Torte legen. Die zweite Pflaume halbieren, Stein entfernen und die Hälften als Ohren an den Tortenrand legen.

Tipp:

Einen Clownhut und eine große bunte Krepppapierschleife an die Torte gelegt, macht den Clown komplett.
Statt Fruchtgummischnüre können Sie für die Augen auch rote Zuckerschrift verwenden.
Statt Frucht-Zauber Birne können Sie auch 150 g Birnen- oder Apfelmus verwenden, dann jedoch nur 75 ml Ananas-Fruchtcocktail-Saftmischung verwenden.

Zaubertorte

Zubereitungszeit: 40 Min., ohne Kühlzeit
Backzeit: etwa 25 Min.

Insgesamt:
E: 60 g, F: 231 g, Kh: 246 g, kJ: 14249, kcal: 3407

Für den Biskuitteig:

- **2 Eier (Größe M)**
- **2 EL heißes Wasser**
- **75 g Zucker**
- **1 Pck. Vanillin-Zucker**
- **75 g Weizenmehl**
- **½ gestr. TL Backpulver**
- **50 g abgezogene, gemahlene, leicht geröstete Mandeln**
- **50 g geriebene Zartbitter-schokolade**

Für die Füllung:

- **1 Pck. gemahlene Gelatine, weiß**
- **4 EL kaltes Wasser**
- **abgeriebene Schale von ½ Orange (unbehandelt)**
- **150 ml Orangensaft**
- **25 g Zucker**
- **50 g Zartbitterschokolade**
- **500 ml (½ l) Schlagsahne**

- **125 ml (⅛ l) Schlagsahne**
- **30 g geriebene Zartbitter-schokolade**

1 Für den Biskuitteig Eier und Wasser mit Handrührgerät mit Rührbesen auf höchster Stufe in 1 Minute schaumig schlagen. Zucker mit Vanillin-Zucker mischen, in 1 Minute einstreuen, dann noch etwa 2 Minuten schlagen.

2 Mehl mit Backpulver mischen, auf die Eiercreme sieben. Mandeln und Schokolade auf das Mehl geben, alles kurz auf niedrigster Stufe unterrühren. Den Teig in eine Springform (Ø 22 cm, Boden gefettet, mit Backpapier belegt) füllen. Die Form auf dem Rost in den Backofen schieben und sofort backen.

Ober-/Unterhitze:
etwa 180 °C (vorgeheizt)
Heißluft: etwa 160 °C (vorgeheizt)
Gas: Stufe 2–3 (vorgeheizt)
Backzeit: etwa 25 Min.

3 Den Biskuitboden aus der Form lösen, auf einen Kuchenrost stürzen, das Backpapier abziehen und den Boden erkalten lassen. Den erkalteten Boden einmal waagerecht durchschneiden, den unteren Boden auf eine Tortenplatte legen und den gesäuberten Springformrand darumlegen (mit einem Backpapierstreifen ausgelegt).

4 Für die Füllung Gelatine mit Wasser in einem kleinen Topf anrühren und 10 Minuten zum Quellen stehen lassen. Die Gelatine unter Rühren erwärmen, bis sie gelöst ist. Die Hälfte davon mit Orangenschale, Orangensaft und Zucker verrühren und kalt stellen.

5 Schokolade in einem kleinen Topf im Wasserbad bei schwacher Hitze zu geschmeidiger Masse verrühren, abkühlen lassen. Sobald der Orangensaft anfängt dicklich zu werden, Sahne steif schlagen und etwa ⅔ davon unterrühren. Orangensahne (etwas zum Verzieren zurücklassen) auf den Boden streichen.

6 Unter die restliche Sahne die abgekühlte Schokolade und die restliche Gelatine rühren. Die Schokoladensahne in einen Spritzbeutel mit Gebäckfülltülle geben und unregelmäßig tupfenweise in die Orangensahne spritzen.

7 Den oberen Boden darauf legen, leicht andrücken und mit der zurückgelassenen Orangensahne bestreichen und verzieren. Die Torte kalt stellen, damit die Füllung fest wird.

8 Springformrand und Papierstreifen vorsichtig von der Torte lösen. Sahne steif schlagen und den Rand der Torte damit verzieren. Die Torte mit der Schokolade bestreuen.

Torten mit Schwips

Ein kleiner Schuss hochprozentiger Flüssigkeit führt hier zum 100%igen Ergebnis.

Mona-Lila-Torte

Zubereitungszeit: 40 Min.
Backzeit: etwa 60 Min.

Insgesamt:
E: 106 g, F: 555 g, Kh: 609 g, kJ: 35169, kcal: 8504

Für den Rührteig:
- **200 g weiche Butter oder Margarine**
- **150 g Zucker**
- **1 Pck. Vanillin-Zucker**
- **4 Eier (Größe M)**
- **300 g Weizenmehl**
- **4 gestr. TL Backpulver**
- **1 EL Kakaopulver**
- **100 g abgezogene, gemahlene Mandeln**
- **50 g geriebene Schokolade**
- **150 g Kirsch-Alkohol-Pralinen**

Zum Tränken:
- **2 cl Kirschlikör**

Für die Füllung:
- **750–800 ml Schlagsahne**
- **3 Pck. Sahnesteif**
- **14 Kirsch-Alkohol-Pralinen**

1 Für den Rührteig Butter oder Margarine mit Handrührgerät mit Rührbesen auf höchster Stufe geschmeidig rühren. Nach und nach Zucker und Vanillin-Zucker unterrühren, so lange rühren, bis eine gebundene Masse entstanden ist. Eier nach und nach unterrühren (jedes Ei etwa 1/2 Minute).

2 Mehl mit Backpulver und Kakao mischen, sieben und abwechselnd portionsweise mit Mandeln und Schokolade auf mittlerer Stufe unterrühren.

3 Pralinen in einem Topf im Wasserbad schmelzen und unter den Teig rühren. Teig in eine Springform (Ø 28 cm, Boden gefettet, mit Backpapier belegt) füllen, auf dem Rost in den Backofen schieben.

Ober-/Unterhitze:
etwa 180 °C (vorgeheizt)
Heißluft: etwa 160 °C (nicht vorgeheizt)
Gas: Stufe 2–3 (nicht vorgeheizt)
Backzeit: etwa 60 Min.

(Fortsetzung Seite 86)

4 Den Boden evtl. nach 45 Minuten mit Alufolie abdecken. Das fertige Gebäck aus der Form lösen, auf einen Kuchenrost stürzen, das Backpapier abziehen und erkalten lassen.

5 Den Boden zweimal waagerecht durchschneiden, den unteren Boden mit Kirschlikör tränken.

6 Für die Füllung Sahne mit Sahnesteif steif schlagen. 1/4 der Sahne auf den unteren Boden streichen, mit dem mittleren Boden bedecken, ihn mit der Hälfte der restlichen Sahne bestreichen, den oberen Boden darauf legen.

7 Tortenoberfläche und -rand mit restlicher Sahne (3 Esslöffel zum Verzieren zurücklassen) bestreichen.

8 Die zurückgelassene Sahne in einen Spritzbeutel mit Sterntülle füllen und die Torte mit Sahnetuffs verzieren und Pralinen garnieren.

Stricknadeltorte

Zubereitungszeit: 30 Min.
Backzeit: 40–45 Min.

Insgesamt:
E: 92 g, F: 383 g, Kh: 559 g, kJ: 26658, kcal: 6370

Für den Rührteig:

- **250 g weiche Butter oder Margarine**
- **250 g Zucker**
- **1 Pck. Vanillin-Zucker**
- **1/2 Fläschchen Butter-Vanille-Aroma**
- **6 Eier (Größe M)**
- **250 g Weizenmehl**
- **2 1/2 gestr. TL Backpulver**

Zum Tränken:

- **250 ml (1/4 l) kalter Kaffee**
- **3 EL Zucker**
- **2 EL Kakaopulver**
- **1 EL Rum**

Für die Eierlikörsahne:

- **400 ml Schlagsahne**
- **2 Pck. Sahnesteif**
- **2 TL Zucker**
- **5 EL (75 ml) Eierlikör**

- **Kakaopulver**
- **geraspelte Schokolade**

1 Für den Rührteig Butter oder Margarine mit Handrührgerät mit Rührbesen auf höchster Stufe geschmeidig rühren. Nach und nach Zucker, Vanillin-Zucker und Butter-Vanille-Aroma unterrühren, so lange rühren, bis eine gebundene Masse entstanden ist. Eier nach und nach unterrühren (jedes Ei etwa 1/2 Minute).

2 Mehl mit Backpulver mischen, sieben und portionsweise auf mittlerer Stufe unterrühren. Den Teig in eine Springform (Ø 28 cm, Boden gefettet) füllen. Die Form auf dem Rost in den Backofen schieben.

Ober-/Unterhitze:
etwa 180 °C (vorgeheizt)
Heißluft:
etwa 160 °C (nicht vorgeheizt)
Gas: Stufe 2–3 (nicht vorgeheizt)
Backzeit: 40–45 Min.

3 Den Kuchen sofort nach dem Backen mehrmals mit einer dicken Stricknadel einstechen und erkalten lassen.

4 Zum Tränken Kaffee, Zucker, Kakao und Rum verrühren und in die Löcher gießen. Den Kuchen über Nacht durchziehen lassen.

5 Für die Eierlikörsahne Sahne mit 1 Päckchen Sahnesteif und Zucker steif schlagen. Restliches Sahnesteif mit dem Eierlikör verrühren und unter die Sahne rühren.

6 Eierlikörsahne kurz vor dem Verzehr auf den Kuchen streichen und mit Kakao und Schokolade verzieren.

GUT VORZUBEREITEN

Baileys-Baiser-Torte

Zubereitungszeit: 40 Min.
Backzeit: 25–30 Min.

Insgesamt:
E: 47 g, F: 338 g, Kh: 407 g,
kJ: 21914, kcal: 5237

Für den Rührteig:

- **50 g Kokosraspel**
- **125 g Butter oder Margarine**
- **100 g Zucker**
- **2 Eier (Größe M)**
- **75 g Weizenmehl**
- **75 g Speisestärke**
- **1 gestr. TL Backpulver**

- **100 g dunkle Kuchenglasur**
- **150 ml Baileys (Whisky-Likör)**
- **500 ml (1/2 l) Schlagsahne**
- **2 Pck. Sahnesteif**
- **3 große Baiserschalen (à 30 g, vom Bäcker)**

1 Für den Rührteig Kokosraspel in einer Pfanne ohne Fett goldbraun rösten und abkühlen lassen.

2 Butter oder Margarine mit Handrührgerät mit Rührbesen auf höchster Stufe geschmeidig rühren. Nach und nach Zucker unterrühren, so lange rühren, bis eine gebundene Masse entstanden ist. Eier nach und nach unterrühren (jedes Ei etwa 1/2 Minute).

3 Mehl, Speisestärke und Backpulver mischen, sieben und portionsweise auf mittlerer Stufe unterrühren. Kokosraspel (1 Esslöffel zum Bestreuen zurücklassen) unterrühren. Den Teig in eine Springform (Ø 26 cm, Boden gefettet) füllen und glatt streichen. Die Form auf dem Rost in den Backofen schieben.

Ober-/Unterhitze:
etwa 180 °C (vorgeheizt)
Heißluft: etwa 160 °C (vorgeheizt)
Gas: Stufe 2–3 (vorgeheizt)
Backzeit: 25–30 Min.

4 Den Boden in der Form erkalten lassen. Ihn dann aus der Form lösen und auf einen Kuchenrost stürzen.

5 Die Kuchenglasur nach Packungsaufschrift im Wasserbad schmelzen. Die Unterseite des Bodens damit bestreichen und fest werden lassen.

6 Den Boden mit der Schokoladenseite nach unten auf eine Tortenplatte legen. Die Oberseite mehrmals mit einer Gabel einstechen und mit dem Baileys beträufeln.

7 Sahne mit Sahnesteif steif schlagen, in einen Spritzbeutel mit großer Sterntülle füllen und dicht an dicht auf den Boden spritzen. Die Baiserschalen grob zerkleinern und auf der Sahne verteilen.

8 Die Torte mit den zurückgelassenen Kokosraspeln bestreuen.

Tiramisu-Torte

Zubereitungszeit: 45 Min.
Backzeit: etwa 20 Min.

Insgesamt:
E: 73 g, F: 209 g, Kh: 321 g,
kJ: 15146, kcal: 3619

Für den Biskuitteig:

- **2 Eier (Größe M)**
- **75 g Zucker**
- **1 Pck. Vanillin-Zucker**
- **1 Prise Salz**
- **75 g Weizenmehl**
- **25 g Speisestärke**
- **1 gestr. TL Backpulver**
- **1 gestr. EL Kakaopulver**

Zum Tränken:

- **100 ml Milch**
- **1 EL Zucker**
- **1 EL Kakaopulver**
- **½ Tasse (75 ml) starker schwarzer Kaffee**
- **1 EL Amaretto**

Für die Creme:

- **250 g Mascarpone**
- **125 g Magerquark**
- **50 g Zucker**
- **1 EL Amaretto**
- **250 ml (¼ l) Schlagsahne**
- **1 Pck. Sahnesteif**

- **100 g Löffelbiskuits**
- **Kakaopulver**

1 Für den Biskuitteig Eier mit Handrührgerät mit Rührbesen auf höchster Stufe in 1 Minute schaumig schlagen. Zucker mit Vanillin-Zucker und Salz mischen, in 1 Minute einstreuen, dann noch etwa 2 Minuten schlagen.

2 Mehl, Speisestärke, Backpulver und Kakao mischen, die Hälfte davon auf die Eiercreme sieben und kurz auf niedrigster Stufe unterrühren. Den Rest des Mehlgemisches auf die gleiche Weise unterarbeiten.

3 Den Teig in eine Springform (Ø etwa 26 cm, Boden gefettet, mit Backpapier belegt) füllen. Die Form sofort auf dem Rost in den Backofen schieben.

Ober-/Unterhitze:
etwa 180 °C (vorgeheizt)
Heißluft: etwa 160 °C (vorgeheizt)
Gas: Stufe 2–3 (vorgeheizt)
Backzeit: etwa 20 Min.

4 Den Boden aus der Fom lösen, auf einen Kuchenrost stürzen, das Backpapier abziehen und den Boden erkalten lassen.

5 Zum Tränken Milch und den mit Zucker gemischten Kakao aufkochen lassen. Kaffee und Amaretto unterrühren. Mit der Hälfte der Flüssigkeit den Tortenboden tränken.

6 Für die Creme Mascarpone, Quark, Zucker und Amaretto verrühren. Sahne mit Sahnesteif steif schlagen und unterheben.

7 Die Hälfte der Creme auf den getränkten Tortenboden streichen und mit Löffelbiskuits belegen. Diese mit der restlichen Flüssigkeit tränken (mit Hilfe eines Pinsels) und mit der restlichen Creme bestreichen.

8 Die Torte kühl stellen. Erst kurz vor dem Servieren mit Kakao bestäuben.

Amrumer Wattwurmtorte

Zubereitungszeit: 35 Min.
Backzeit: etwa 30 Min.

Insgesamt:
E: 86 g, F: 427 g, Kh: 738 g, kJ: 31668, kcal: 7565

Für den Rührteig:
- **250 g Butter**
- **200 g Zucker**
- **1 Pck. Vanillin-Zucker**
- **1 Prise Salz**
- **1 Pck. Geriebene Zitronenschale**
- **4 Eier (Größe M)**
- **250 g Weizenmehl**
- **50 g Speisestärke**
- **3 gestr. TL Backpulver**
- **2 EL Kakaopulver**
- **1 EL Milch**

- **Semmelbrösel**

Für die Füllung:
- **2 Gläser Sauerkirschen (à Abtropfgewicht 370 g)**
- **2 Pck. Pudding-Pulver Vanille-Geschmack**

Für den Belag:
- **600 ml Schlagsahne**
- **2 Pck. Sahnesteif**
- **4 cl Eierlikör**
- **6 cl Blue Curaçao**

1 Für den Rührteig Butter mit Handrührgerät mit Rührbesen auf höchster Stufe geschmeidig rühren. Nach und nach Zucker, Vanillin-Zucker, Salz und Zitronenschale unterrühren, so lange rühren, bis eine gebundene Masse entstanden ist. Eier nach und nach unterrühren (jedes Ei etwa 1/2 Minute).

2 Mehl, Speisestärke und Backpulver mischen, sieben und portionsweise auf mittlerer Stufe unterrühren. Gut 2/3 des Teiges auf ein gefettetes, mit Semmelbröseln bestreutes Backblech (30 x 40 cm) streichen. Vor den Teig einen mehrfach geknickten Streifen Alufolie legen.

3 Kakao und Milch unter den Rest des Teiges rühren. Den dunklen Teig in einen Spritzbeutel mit Lochtülle füllen und etwa 5 cm lange „Wattwürmer" auf den hellen Teig spritzen. Das Backblech in den Backofen schieben.

Ober-/Unterhitze:
180–200 °C (vorgeheizt)
Heißluft: 160–180 °C (vorgeheizt)
Gas: etwa Stufe 3 (vorgeheizt)
Backzeit: etwa 30 Min.

4 Den Boden auf dem Backblech erkalten lassen.

5 Für die Füllung Sauerkirschen auf einem Sieb abtropfen lassen, dabei den Saft auffangen und 850 ml davon abmessen (evtl. mit Wasser auffüllen). Pudding-Pulver mit etwas Kirschsaft anrühren. Den übrigen Saft zum Kochen bringen, von der Kochstelle nehmen, das angerührte Pudding-Pulver einrühren und aufkochen lassen. Erst dann die Sauerkirschen unterrühren. Die Kirschmasse auf dem Boden verteilen und erkalten lassen.

6 Für den Belag Sahne mit Sahnesteif steif schlagen und auf der Sauerkirschmasse verteilen. Mit Hilfe eines Teelöffels leichte Vertiefungen in die Sahne eindrücken. Eierlikör und Blue Curaçao verrühren und in den Sahnevertiefungen verteilen.

Tipp:
Anstelle der Sauerkirschen können auch Heidelbeeren (aus dem Glas) verwendet werden.

Amaretto-Marzipan-Torte

Zubereitungszeit: 60 Min.
Backzeit: 60–65 Min.

Insgesamt:
E: 139 g, F: 619 g, Kh: 717 g,
kJ: 39396, kcal: 9414

Für den Knetteig:

- **100 g Weizenmehl**
- **25 g Zucker**
- **1 Pck. Vanillin-Zucker**
- **1 Prise Salz**
- **1 TL Amaretto**
- **65 g Butter oder Margarine**

Für den Rührteig:

- **200 g Butter oder Margarine**
- **150 g Marzipan-Rohmasse**
- **200 g Zucker**
- **1 Pck. Vanillin-Zucker**
- **5 Tropfen Bittermandel-Aroma**
- **4 Eier (Größe M)**
- **1 Eigelb (Größe M)**
- **200 g Weizenmehl**
- **1½ gestr. TL Backpulver**

Für die Makronen:

- **50 g Marzipan-Rohmasse**
- **50 g Zucker**
- **etwa ½ Eiweiß (Größe M)**

Für die Füllung:

- **4 Blatt weiße Gelatine**
- **750–800 ml Schlagsahne**
- **50 g Zucker**
- **50–75 ml Amaretto**
- **100 g abgezogene, gemahlene, leicht geröstete Mandeln**

Zum Bestreichen:

- **2 EL Aprikosenkonfitüre**

1 Für den Knetteig Mehl in eine Rührschüssel sieben. Zucker, Vanillin-Zucker, Salz, Amaretto und Butter oder Margarine hinzufügen. Die Zutaten mit Handrührgerät mit Knethaken zunächst kurz auf niedrigster, dann auf höchster Stufe gut durcharbeiten.

2 Anschließend auf der bemehlten Arbeitsfläche zu einem glatten Teig verkneten, sollte er kleben, ihn eine Zeit lang kalt stellen. Den Teig auf einem gefetteten Springformboden (Ø 26 cm) ausrollen und mehrmals mit einer Gabel einstechen. Den Springformrand um den Boden legen. Die Form auf dem Rost in den Backofen schieben.

Ober-/Unterhitze:
180–200 °C (vorgeheizt)
Heißluft:
160–180 °C (vorgeheizt)
Gas: etwa Stufe 3(vorgeheizt)
Backzeit: etwa 15 Min.

3 Den Boden sofort nach dem Backen vom Springformboden lösen, aber erst nach dem Erkalten auf eine Platte legen.

4 Für den Rührteig Butter oder Margarine und Marzipan-Rohmasse mit Handrührgerät mit Rührbesen auf höchster Stufe geschmeidig rühren. Nach und nach Zucker, Vanillin-Zucker und Bittermandel-Aroma unterrühren, so lange rühren, bis eine gebundene Masse entstanden ist. Eier und Eigelb nach und nach unterrühren (jedes Ei etwa 1/2 Minute).

5 Mehl mit Backpulver mischen, sieben und portionsweise auf mittlerer Stufe unterrühren. Den Teig in eine Springform (Ø 26 cm, Boden gefettet, mit Backpapier belegt) füllen und glatt streichen. Die Form auf dem Rost in den Backofen schieben.

Ober-/Unterhitze:
180–200 °C (vorgeheizt)
Heißluft:
160–180 °C (vorgeheizt)
Gas: Stufe 3–4 (vorgeheizt)
Backzeit: etwa 30 Min.

6 Den Boden aus der Form lösen, auf einen mit Backpapier belegten Kuchenrost stürzen, Backpapier abziehen, Boden erkalten lassen. Den erkalteten Boden zweimal waagerecht durchschneiden.

7 Für die Makronen Marzipan-Rohmasse und Zucker in einer Schüssel zu einer einheitlichen Masse verarbeiten. Soviel Eiweiß unterarbeiten, dass eine spritzfähig Masse entsteht. Aus der Marzipanmasse mit Hilfe eines Spritzbeutels mit kleiner Lochtülle kleine Punkte (Ø 1 cm) auf ein mit Backpapier belegtes Backblech spritzen. Das Backblech in den Backofen schieben.

Ober-/Unterhitze:
etwa 160 °C (vorgeheizt)
Heißluft: etwa 140 °C (vorgeheizt)
Gas: Stufe 1–2 (vorgeheizt)
Backzeit: 15–20 Min.

8 Die Makronen vom Backpapier lösen und erkalten lassen.

9 Für die Füllung Gelatine nach Packungsaufschrift einweichen. Sahne mit Zucker fast steif schlagen. Gelatine ausdrücken, auflösen, unterrühren, Sahne vollkommen steif schlagen. Amaretto kurz unterrühren. 75 g Mandeln unter die Hälfte der Sahnemasse rühren.

10 Den Knetteigboden mit Konfitüre bestreichen, den unteren Rührteigboden darauf legen, mit 3 Esslöffeln Mandelsahne bestreichen, mit dem mittleren Boden bedecken, ebenfalls mit 3 Esslöffeln Mandelsahne bestreichen und mit dem oberen Boden bedecken.

11 Tortenoberfläche und -rand mit der restlichen Sahnemasse bestreichen und verzieren. Die Torte mit den restlichen Mandeln und den Makronen garnieren.

■ **Tipp:**
Anstelle der gebackenen Makronen gekaufte Amarettini verwenden.

Raureif-Torte

Zubereitungszeit: 60 Min., ohne Kühlzeit
Backzeit: etwa 25 Min.

Insgesamt:
E: 75 g, F: 360 g, Kh: 373 g, kJ: 22656, kcal: 5414

Für den Biskuitteig:

- **2 Eier (Größe M)**
- **2 EL heißes Wasser**
- **100 g Zucker**
- **1 Pck. Vanillin-Zucker**
- **100 g Weizenmehl**
- **25 g Speisestärke**
- **1 gestr. TL Backpulver**
- **10 g Kakaopulver**
- **15 g Kokosraspel**

Für die Füllung:

- **1 Pck. Gelatine gemahlen, weiß**
- **4 EL kaltes Wasser**
- **3 Eigelb (Größe M)**
- **50 g Zucker**
- **7 EL Rum**
- **100 g Butter**
- **600 ml Schlagsahne**
- **17 Löffelbiskuits**

Zum Garnieren:

- **4 Löffelbiskuits**
- **70 g Kokosraspel**
- **30 g gesiebter Puderzucker**
- **30 g Löffelbiskuits**

1 Für den Biskuitteig Eier und Wasser mit Handrührgerät mit Rührbesen auf höchster Stufe in 1 Minute schaumig schlagen. Zucker mit Vanillin-Zucker mischen, in 1 Minute einstreuen, dann noch etwa 2 Minuten schlagen.

2 Mehl, Speisestärke, Backpulver und Kakao mischen, die Hälfte davon auf die Eiercreme sieben und kurz auf niedrigster Stufe unterrühren. Den Rest des Mehlgemisches auf die gleiche Weise unterarbeiten. Kokosraspel unterheben.

3 Den Teig in eine Springform (Ø 26 cm, Boden gefettet, mit Backpapier belegt) füllen und die Form auf dem Rost in den Backofen schieben.

Ober-/Unterhitze:
etwa 180 °C (vorgeheizt)
Heißluft: etwa 160 °C (vorgeheizt)
Gas: Stufe 2–3 (vorgeheizt)
Backzeit: etwa 25 Min.

4 Den Boden aus der Form lösen, auf einen Kuchenrost stürzen, das Backpapier abziehen und den Boden erkalten lassen. Ihn einmal waagerecht durchschneiden.

5 Für die Füllung Gelatine mit Wasser in einem kleinen Topf anrühren und 10 Minuten zum Quellen stehen lassen.

6 Eigelb und Zucker mit Handrührgerät mit Rührbesen etwa 3 Minuten schaumig rühren. 5 Esslöffel Rum unterrühren. Butter geschmeidig rühren und die Eigelbmasse unterrühren. Gelatine unter Rühren erwärmen, bis sie gelöst ist und unter die Eigelbmasse rühren.

7 Sahne steif schlagen. 2 Esslöffel zum Verzieren davon abnehmen, die restliche Sahne unter die Eigelbmasse heben.

8 Den unteren Biskuitboden auf eine Tortenplatte legen, einen Tortenring darumstellen. Die Hälfte der Creme einfüllen, glatt streichen und mit den Löffelbiskuits belegen. Die Löffelbiskuits mit dem restlichen Rum tränken, die restliche Creme darauf verteilen und mit dem oberen Boden bedecken. Die Torte etwa 6 Stunden kalt stellen. Den Tortenring mit Hilfe eines Messers lösen.

9 Löffelbiskuits zerbröseln, mit Kokosraspeln und zurückgelassener Sahne verkneten, Schneemann und Schneebälle formen, in Kokosraspeln und Puderzucker wälzen.

10 Tortenoberfläche mit Kokosraspeln und Puderzucker bestreuen, den Rand mit Löffelbiskuits garnieren. Torte mit Schneemann und Schneebällen garnieren.

■ **Tipp:**

Für die Füllung nur absolut frische Eier verwenden.

Batida-de-Coco-Torte

Zubereitungszeit: 60 Min.
Backzeit: etwa 40 Min.

Insgesamt:
E: 72 g, F: 321 g, Kh: 577 g, kJ: 23960, kcal: 5727

Für den Biskuitteig:

- **3 Eier (Größe M)**
- **3 EL heißes Wasser**
- **150 g Zucker**
- **1 Pck. Vanillin-Zucker**
- **100 g Weizenmehl**
- **30 g Speisestärke**
- **1 Msp. Backpulver**

Für den Knetteig:

- **100 g Weizenmehl**
- **50 g Zucker**
- **1 Prise Salz**
- **70 g Butter**

- **2 EL Aprikosenkonfitüre**

Für die Füllung:

- **250 ml (1/4 l) Schlagsahne**
- **1/2 Dose (100 g) Kokosnusscreme**
- **4 EL Batida de Coco**
- **2 große Bananen**

Zum Bestreichen:

- **250 ml (1/4 l) Schlagsahne**
- **1 Pck. Sahnesteif**
- **1 EL Zucker**

Zum Garnieren:

- **100 g Kokosraspel**
- **Borkenschokolade**
- **1 Kiwi**
- **blaue Zuckerstreusel**

1 Für den Biskuitteig Eier und Wasser mit Handrührgerät mit Rührbesen auf höchster Stufe in 1 Minute schaumig schlagen. Zucker mit Vanillin-Zucker mischen, in 1 Minute einstreuen, dann noch etwa 2 Minuten schlagen.

2 Mehl, Speisestärke und Backpulver mischen, die Hälfte davon auf die Eiercreme sieben und kurz auf niedrigster Stufe unterrühren. Den Rest des Mehlgemisches auf die gleiche Weise unterarbeiten.

3 Den Teig in eine Springform (Ø 26 cm, Boden gefettet, mit Backpapier belegt) füllen. Die Form sofort auf dem Rost in den Backofen schieben.

Ober-/Unterhitze:
etwa 180 °C (vorgeheizt)
Heißluft: etwa 160 °C (vorgeheizt)
Gas: Stufe 2–3 (vorgeheizt)
Backzeit: etwa 30 Min.

4 Den Boden aus der Form lösen, auf einen Kuchenrost stürzen, das Backpapier entfernen und den Boden erkalten lassen. Ihn dann einmal waagerecht durchschneiden.

5 Für den Knetteig Mehl in eine Rührschüssel sieben. Zucker, Salz und Butter hinzufügen. Die Zutaten mit Handrührgerät mit Knethaken zunächst kurz auf niedrigster, dann auf höchster Stufe gut durcharbeiten.

6 Anschließend auf der bemehlten Arbeitsfläche zu einem glatten Teig verkneten, sollte er kleben, ihn eine Zeit lang kalt stellen. Den Teig auf einem gefetteten Springformboden (Ø 26 cm) ausrollen und mehrmals mit einer Gabel einstechen. Den Springformrand um den Boden legen. Die Form auf dem Rost in den Backofen schieben.

Ober-/Unterhitze:
etwa 220 °C (vorgeheizt)
Heißluft:
etwa 200 °C (vorgeheizt)
Gas: Stufe 4–5 (vorgeheizt)
Backzeit: etwa 10 Min.

7 Den Boden aus der Form lösen, auf einem Kuchenrost erkalten lassen. Mit Konfitüre bestreichen.

8 Für die Füllung die Sahne steif schlagen. Kokosnusscreme gut durchrühren und unter die Sahne

(Fortsetzung Seite 100)

rühren. Den unteren Biskuitboden auf den Knetteigboden legen, mit 2 Esslöffeln Batida de Coco tränken und mit der Hälfte der Kokos-Sahne-Masse bestreichen.

9 Bananen schälen, in Scheiben schneiden, auf der Sahnemasse verteilen, restliche Sahnemasse darauf streichen. Den oberen Biskuitboden darauf legen, mit dem restlichen Batida de Coco tränken.

10 Sahne mit Sahnesteif und Zucker steif schlagen, Tortenoberfläche und -rand bestreichen.

11 Kokosraspeln in einer Pfanne ohne Fett leicht bräunen. Torte wie eine Insel dekorieren: die Insel besteht aus Kokosraspeln, Palmen aus Borkenschokolade und geschnittenen Kiwis, Wasser aus blauen Zuckerstreuseln. Tortenrand mit den restlichen Kokosraspeln bestreuen.

Bounty-Torte

Zubereitungszeit: 40 Min.
Backzeit: 40–45 Min.

Insgesamt:
E: 86 g, F: 438 g, Kh: 686 g, kJ: 30573, kcal: 7322

Für den Rührteig:

- **175 g weiche Butter oder Margarine**
- **150 g Zucker**
- **1 Pck. Vanillin-Zucker**
- **3 Eier (Größe M)**
- **300 g Weizenmehl**
- **2 TL Backpulver**
- **20–25 Riegel Bounty (à 30 g)**

Zum Tränken:

- **4 EL Eierlikör**

Für die Verzierung:

- **400–500 ml Schlagsahne**
- **3 Pck. Sahnesteif**
- **4 EL Zucker**
- **2 Pck. Vanillin-Zucker**
- **250 g Schmand**

- **etwa 5 Riegel Bounty (à 30 g)**

1 Für den Rührteig Butter oder Margarine mit Handrührgerät mit Rührbesen auf höchster Stufe geschmeidig rühren. Nach und nach Zucker und Vanillin-Zucker unterrühren, so lange rühren, bis eine gebundene Masse entstanden ist. Eier nach und nach unterrühren (jedes Ei etwa 1/2 Minute).

2 Mehl mit Backpulver mischen, sieben und portionsweise auf mittlerer Stufe unterrühren. 2/3 des Teiges in eine Springform (Ø 28 cm, Boden gefettet) füllen. Die Bounty-Riegel kranzförmig auf dem Teig verteilen und den Rest des Teiges darauf geben. Die Form auf dem Rost in den Backofen schieben.

Ober-/Unterhitze:
etwa 180 °C (vorgeheizt)
Heißluft: etwa 160 °C
(nicht vorgeheizt)
Gas: Stufe 2–3 (nicht vorgeheizt)
Backzeit: 40–45 Min.

3 Den Springformrand lösen und das Gebäck auf einem Kuchenrost erkalten lassen. Das kalte Gebäck mit Eierlikör tränken.

4 Für die Verzierung die Sahne mit Sahnesteif, Zucker und Vanillin-Zucker steif schlagen. Den Schmand unterrühren und die Masse in einen Spritzbeutel füllen. Die Tortenoberfläche damit verzieren und die Torte einige Zeit kalt stellen.

5 Die Torte vor dem Servieren mit geschnittenen Bounty-Riegeln garnieren.

Zarewitsch-Torte

Zubereitungszeit: 40 Min.
Backzeit: etwa 35 Min.

Insgesamt:
E: 78 g, F: 378 g, Kh: 298 g,
kJ: 22101, kcal: 5281

Für den Rührteig:

- **120 g Butter oder Margarine**
- **150 g Zucker**
- **1 Pck. Vanillin-Zucker**
- **3 Eier (Größe M)**
- **100 g Zartbitterschokolade**
- **50 g Weizenmehl**
- **1 gestr. TL Backpulver**
- **130 g abgezogene, gemahlene Mandeln**
- **1 EL kalter, starker Kaffee**

Zum Tränken:

- **125 ml (1/8 l) Weißwein**
- **3 EL brauner Rum**

Für den Belag:

- **500 ml (1/2 l) Schlagsahne**
- **2 Pck. Sahnesteif**
- **1 EL Zucker**
- **1 EL gesiebtes Kakaopulver**
- **1 EL kalter, starker Kaffee**

- **1 TL Kakaopulver**

1 Für den Rührteig Butter oder Margarine mit Handrührgerät mit Rührbesen auf höchster Stufe geschmeidig rühren. Nach und nach Zucker und Vanillin-Zucker unterrühren, so lange rühren, bis eine gebundene Masse entstanden ist. Eier nach und nach unterrühren (jedes Ei etwa 1/2 Minute).

2 Die Schokolade in einem kleinen Topf im Wasserbad bei schwacher Hitze zu einer geschmeidigen Masse verrühren und unter die Fett-Eier-Masse rühren.

3 Mehl mit Backpulver mischen, sieben und auf mittlerer Stufe unterrühren. Mandeln und Kaffee unterrühren. Den Teig in eine Springform (Ø 26 cm, Boden gefettet) füllen. Die Form auf dem Rost in den Backofen schieben.

Ober-/Unterhitze:
etwa 180 °C (vorgeheizt)
Heißluft: etwa 160 °C
(nicht vorgeheizt)
Gas: Stufe 2–3 (nicht vorgeheizt)
Backzeit: etwa 35 Min.

4 Den Boden aus der Form lösen und auf einen mit Backpapier belegten Kuchenrost stürzen. Weißwein mit Rum mischen und den noch heißen Boden damit tränken. Den Boden dann erkalten lassen.

5 Für den Belag die Hälfte der Sahne mit 1 Päckchen Sahnesteif steif schlagen und auf den Boden streichen.

6 Die restliche Sahne mit Zucker, restlichem Sahnesteif und Kakao steif schlagen, den Kaffee unterrühren und die Sahnemasse in einen Spritzbeutel nur mit Tüllenring (oder mit Lochtülle) füllen. Die Torte mit großen und kleinen Sahnetuffs verzieren. Vor dem Servieren mit Kakao bestäuben.

Baileys-Torte

Zubereitungszeit: 45 Min.
Backzeit: etwa 35 Min.

Insgesamt:
E: 96 g, F: 354 g, Kh: 400 g, kJ: 24023 , kcal: 5739

Für den Biskuitteig:

- **4 Eier (Größe M)**
- **150 g Zucker**
- **1 Pck. Vanillin-Zucker**
- **100 g Weizenmehl**
- **1 gestr. TL Backpulver**
- **150 g gemahlene Haselnusskerne**
- **50 g geriebene Zartbitter-schokolade**

Für die Füllung:

- **1 Pck. Gelatine gemahlen, weiß**
- **4 EL kaltes Wasser**
- **200 ml Baileys (Whisky Likör)**
- **600 ml Schlagsahne**
- **20 g Zucker**
- **1 Pck. Vanillin-Zucker**

- **50–75 ml Baileys**
- **50 g gehackte, geröstete Haselnusskerne**

1 Für den Biskuitteig Eier mit Handrührgerät mit Rührbesen auf höchster Stufe in 1 Minute schaumig schlagen. Zucker mit Vanillin-Zucker mischen, in 1 Minute einstreuen, dann noch etwa 2 Minuten schlagen.

2 Mehl und Backpulver mischen, die Hälfte davon auf die Eiercreme sieben und kurz auf niedrigster Stufe unterrühren. Den Rest des Mehlgemisches auf die gleiche Weise unterarbeiten. Nüsse und Schokolade unterheben.

3 Den Teig in eine Springform (Ø 26 cm, Boden gefettet, mit Backpapier belegt) füllen. Die Form sofort auf dem Rost in den Backofen schieben.

Ober-/Unterhitze:
etwa 180 °C (vorgeheizt)
Heißluft: etwa 160 °C
(nicht vorgeheizt)
Gas: Stufe 2–3 (nicht vorgeheizt)
Backzeit: etwa 35 Min.

4 Den Boden aus der Form lösen, auf einen Kuchenrost stürzen, das Backpapier abziehen und den Boden erkalten lassen. Ihn dann zweimal waagerecht durchschneiden.

5 Für die Füllung Gelatine mit Wasser in einem kleinen Topf anrühren und 10 Minuten zum Quellen stehen lassen. Unter Rühren erwärmen, bis sie gelöst ist und mit dem Likör verrühren.

6 Sahne mit Zucker und Vanillin-Zucker steif schlagen und unter die Gelatinemischung heben. 1/3 der Creme auf den unteren Boden streichen und mit dem mittleren Boden bedecken. Diesen mit Likör tränken, mit 1/3 der Creme bestreichen und mit dem oberen Boden bedecken.

7 Tortenrand und -oberfläche mit der restlichen Creme bestreichen. Den Tortenrand mit Nüssen bestreuen und die Oberfläche damit garnieren.

Mikado-Torte

Zubereitungszeit: 55 Min., ohne Kühlzeit
Backzeit: etwa 20 Min.

Insgesamt:
E: 64 g, F: 260 g, Kh: 467 g, kJ: 19556, kcal: 4677

Für den Biskuitteig:
- **2 Eier (Größe M)**
- **2 EL heißes Wasser**
- **80 g Zucker**
- **1 Pck. Vanillin-Zucker**
- **60 g Weizenmehl**
- **20 g Kakaopulver**
- **1 gestr. TL Backpulver**

Für den Belag:
- **5 Bananen**
- **1 Pck. Tortenguss, klar**
- **100 ml Weißwein**
- **150 ml Apfelsaft**
- **3 EL Zucker**
- **3 Blatt weiße Gelatine**
- **400 ml Schlagsahne**
- **2 EL Zucker**

Für den Guss:
- **1 Blatt weiße Gelatine**
- **125 ml (1/8 l) Schlagsahne**
- **100 g Zartbitterschokolade**

- **125 ml (1/8 l) Schlagsahne**
- **1/2 Pck. Sahnesteif**
- **24 Mikadostäbchen (Kekssticks mit Schokolade)**

1 Für den Biskuitteig Eier und Wasser mit Handrührgerät mit Rührbesen auf höchster Stufe in 1 Minute schaumig schlagen. Zucker mit Vanillin-Zucker mischen, in 1 Minute einstreuen, dann noch etwa 2 Minuten schlagen.

2 Mehl, Kakao und Backpulver mischen, auf die Eiercreme sieben und kurz auf niedrigster Stufe unterrühren. Den Teig in eine Springform (Ø 26 cm, Boden gefettet, mit Backpapier belegt) füllen. Die Form auf dem Rost in den Backofen schieben und sofort backen.

Ober-/Unterhitze:
160–180 °C (vorgeheizt)
Heißluft: 140–160 °C (vorgeheizt)
Gas: etwa Stufe 2 (vorgeheizt)
Backzeit: etwa 20 Min.

3 Den Boden aus der Form lösen, auf einen Kuchenrost stürzen, das Backpapier abziehen und den Boden erkalten lassen. Den erkalteten Boden auf eine Tortenplatte legen und einen Tortenring darumlegen.

4 Für den Belag Bananen schälen, längs halbieren und den Boden dicht damit belegen. Aus Tortenguss, Wein, Apfelsaft und Zucker nach Packungsaufschrift einen Guss zubereiten, über die Bananen gießen und erkalten lassen.

5 Gelatine nach Packungsaufschrift einweichen. Sahne mit Zucker fast steif schlagen, die ausgedrückte, aufgelöste Gelatine auf einmal hinzugeben und die Sahne vollkommen steif schlagen. Die Masse auf den erkalteten Tortenguss streichen.

6 Für den Guss Gelatine nach Packungsaufschrift einweichen. Sahne in einem Topf erwärmen und die Schokolade darin zerlassen. Gelatine ausdrücken, in der Schokoladensahne auflösen und alles etwas abkühlen lassen. Den Guss auf die Sahneschicht geben und die Torte 2–3 Stunden kalt stellen.

7 Den Tortenring entfernen. Sahne mit Sahnesteif steif schlagen und in einen Spritzbeutel mit Sterntülle füllen. Die Torte mit der Sahne verzieren und mit Mikadostäbchen garnieren.

Tipp:
Wenn Kinder mitessen, den Weißwein durch Apfelsaft austauschen.

Fruchtiges Gebirge

Zubereitungszeit: 35 Min.
Backzeit: 20–30 Min.

Insgesamt:
E: 75 g, F: 310 g, Kh: 353 g,
kJ: 19919, kcal: 4760

Für den Brandteig:
- **250 ml (1/4 l) Wasser**
- **50 g Butter oder Margarine**
- **150 g Weizenmehl**
- **30 g Speisestärke**
- **5–6 Eier (Größe M)**
- **2 Msp. Backpulver**

Für den Belag:
- **1 Glas Sauerkirschen (Abtropfgewicht 370 g)**
- **250 ml (1/4 l) Sauerkirschsaft**
- **30 g Speisestärke**
- **2 EL Kirschwasser**
- **30 g Zucker**
- **750 ml (3/4 l) Schlagsahne**
- **3 Pck. Sahnesteif**
- **2 Pck. Bourbon Vanille-Zucker**
- **etwa 30 g Zucker**

Zum Bestäuben:
- **1 TL Kakaopulver**

1 Für den Brandteig Wasser und Butter oder Margarine am besten in einem Stieltopf zum Kochen bringen.

2 Mehl und Speisestärke mischen, sieben, auf einmal in die von der Kochstelle genommene Flüssigkeit schütten, zu einem glatten Kloß rühren und unter Rühren etwa 1 Minute erhitzen.

3 Den heißen Kloß sofort in eine Schüssel geben, nach und nach die Eier mit Handrührgerät mit Knethaken auf höchster Stufe unterarbeiten. Eine weitere Eizugabe erübrigt sich, wenn der Teig stark glänzt und so von einem Löffel abreißt, dass lange Spitzen hängenbleiben.

4 Backpulver in den erkalteten Teig arbeiten. Den Teig auf ein gefettetes, mit Mehl bestäubtes Backblech (30 x 40 cm) streichen. Das Backblech in den Backofen schieben.

Ober-/Unterhitze:
200–220 °C (vorgeheizt)
Heißluft: etwa 180–200 °C (vorgeheizt)
Gas: etwa Stufe 4 (vorgeheizt)
Backzeit: 20–30 Min.

5 Das Gebäck sofort nach dem Backen vom Backblech lösen und auf einem Kuchenrost erkalten lassen.

6 Für den Belag Sauerkirschen auf einem Sieb abtropfen lassen, den Saft dabei auffangen und 250 ml (1/4 l) abmessen. Die Speisestärke mit 3–4 Esslöffeln von dem Saft anrühren.

7 Den restlichen Saft in einem Topf zum Kochen bringen und mit der angerührten Speisestärke binden. Kirschen hineingeben und erhitzen. Kirschwasser unterrühren, die Kirschmasse mit Zucker abschmecken und etwa 30 Minuten kalt stellen.

8 Sahne mit Sahnesteif, Bourbon-Vanille-Zucker und Zucker steif schlagen, in „Häufchen“ auf dem Brandteigboden verteilen und mit einem Messer etwas glätten. Die Sauerkirschmasse in die Zwischenräume verteilen. Die Sahne mit Kakao bestäuben.

Tipp:
Dieses fruchtige Brandteiggebirge ist eine „Blechvariante“ der traditionellen Windbeutel.

Kapuzinertorte

Zubereitungszeit: 50 Min., ohne Kühlzeit
Backzeit: etwa 30 Min.

Insgesamt:
E: 82 g, F: 228 g, Kh: 456 g, kJ: 18951, kcal: 4528

Für den Biskuitteig:

- **4 Eier (Größe M)**
- **4 EL heißes Wasser**
- **125 g Zucker**
- **1 Pck. Vanillin-Zucker**
- **75 g Weizenmehl**
- **50 g Speisestärke**
- **1 gestr. TL Backpulver**
- **50 g abgezogene, gemahlene Mandeln**
- **50 g zerlassene, abgekühlte Butter**

Für den Boden:

- **14 Löffelbiskuits**
- **2 EL Kirschwasser**

- **100 g Kuvertüre**
- **2 EL Kirschwasser**

Für den Belag:

- **2 Blatt weiße Gelatine**
- **250 ml (1/4 l) Schlagsahne**
- **6 Löffelbiskuits**
- **1 Pck. (75 g) Baisergebäck**
- **30 g geriebene Zartbitter-schokolade**
- **1 EL gemahlener Zimt**

1 Für den Biskuitteig Eier und Wasser mit Handrührgerät mit Rührbesen auf höchster Stufe in 1 Minute schaumig schlagen. Zucker mit Vanillin-Zucker mischen, in 1 Minute einstreuen, dann noch etwa 2 Minuten schlagen.

2 Mehl, Speisestärke und Backpulver mischen, die Hälfte davon auf die Eiercreme sieben und kurz auf niedrigster Stufe unterrühren. Den Rest des Mehlgemisches auf dieselbe Weise unterarbeiten. Mandeln und Butter vorsichtig unterrühren.

3 Für den Boden Löffelbiskuits auf dem Boden einer Springform (Ø 26 cm, Boden gefettet, mit Backpapier belegt) verteilen und mit Kirschwasser tränken. Den Biskuitteig einfüllen, die Form auf dem Rost in den Backofen schieben und sofort backen.

Ober-/Unterhitze:
etwa 200 °C (vorgeheizt)
Heißluft: etwa 180 °C (vorgeheizt)
Gas: Stufe 3–4 (vorgeheizt)
Backzeit: etwa 30 Min.

4 Den Boden aus der Form lösen, auf einen Kuchenrost stürzen und das Backpapier abziehen.

5 Die Kuvertüre in einem kleinen Topf im Wasserbad bei schwacher Hitze zu einer geschmeidigen Masse verrühren. Die obenliegende Seite (mit den Löffelbiskuits) des noch warmen Bodens mit der Kuvertüre überziehen und erkalten lassen.

6 Den erkalteten Kuchen wieder umdrehen und mit Kirschwasser tränken.

7 Für den Belag Gelatine nach Packungsaufschrift einweichen. Sahne fast steif schlagen. Gelatine ausdrücken, auflösen und unter die Sahne rühren. Sahne vollkommen steif schlagen.

8 Löffelbiskuits in Würfel schneiden und unter die Sahne heben. Die Sahnemasse kuppelartig auf den Boden häufen. Das Baisergebäck grob zerkleinern und auf der Sahnemasse verteilen. Die Torte mit Schokolade und Zimt bestreuen und etwa 1 Stunde kalt stellen.

Waldmeistertorte

Zubereitungszeit: 70 Min., ohne Kühlzeit
Backzeit: etwa 30 Min.

Insgesamt:
E: 107 g, F: 342 g, Kh: 578 g, kJ: 25709, kcal: 6142

Für den Biskuitteig:

- **6 Eier (Größe M)**
- **175 g Zucker**
- **1 TL abgeriebene Zitronenschale (unbehandelt) oder 1 Beutel Feine Zitronenschale**
- **150 g Weizenmehl**
- **1 gestr. TL Backpulver**
- **90 g zerlassene, abgekühlte Butter**

Für die Orangencreme:

- **6 Blatt weiße Gelatine**
- **100 g Zucker**
- **250 ml (1/4 l) Orangensaft**
- **Saft von 1 Zitrone**
- **250 ml (1/4 l) Schlagsahne**

Für den Belag:

- **1 Beutel aus 1 Pck. Götterspeise Waldmeister-Geschmack**
- **40 g Zucker**
- **250 ml (1/4 l) Weißwein**
- **250 ml (1/4 l) heller Traubensaft**
- **200 g Marzipan-Rohmasse**
- **250 ml (1/4 l) Schlagsahne**
- **1 Pck. Vanillin-Zucker**

1 Für den Biskuitteig Eier mit Handrührgerät mit Rührbesen auf höchster Stufe in 1 Minute schaumig schlagen. Zucker mit Zitronenschale mischen, in 1 Minute einstreuen, dann noch etwa 2 Minuten schlagen.

2 Mehl und Backpulver mischen, die Hälfte davon auf die Eiercreme sieben und kurz auf niedrigster Stufe unterrühren. Den Rest des Mehlgemisches auf die gleiche Weise unterarbeiten. Die Butter vorsichtig unter den Teig ziehen.

3 Den Teig in eine Springform (Ø 28 cm, Boden gefettet, mit Backpapier belegt) füllen. Die Form sofort auf dem Rost in den Backofen schieben.

Ober-/Unterhitze:
etwa 200 °C (vorgeheizt)
Heißluft: etwa 180 °C (vorgeheizt)
Gas: Stufe 3–4 (vorgeheizt)
Backzeit: etwa 30 Min.

4 Den Tortenboden aus der Form lösen, auf einen Kuchenrost stürzen, das Backpapier abziehen und den Boden erkalten lassen.

5 Für die Orangencreme Gelatine in kaltem Wasser einweichen. Zucker, Orangen- und Zitronensaft verrühren. Gelatine ausdrücken, auflösen und unterrühren. Wenn die Masse anfängt zu gelieren, Sahne steif schlagen und unterrühren.

6 Den Tortenboden einmal waagerecht durchschneiden, einen Tortenring um den unteren Boden stellen und die Orangencreme auf dem Boden verteilen. Den oberen Boden darauf legen und die Torte etwa 30 Minuten kalt stellen.

7 Für den Belag die Götterspeise mit Zucker nach Packungsaufschrift (aber mit Wein und Traubensaft) zubereiten, gut die Hälfte davon zum Verzieren in eine flache, rechteckige Schale gießen und beides fest werden lassen.

8 Marzipan-Rohmasse verkneten, zu einem Kreis (Ø 28 cm) ausrollen und auf den oberen Biskuitboden legen. Wenn die Götterspeise fest ist, die Hälfte auf dem Marzipan verstreichen. Die Götterspeise aus der flachen Schale in Würfel schneiden.

9 Sahne mit Vanillin-Zucker steif schlagen, in einen Spritzbeutel mit Sterntülle füllen. Tortenring entfernen, Oberfläche mit Sahne verzieren, mit Geleewürfeln garnieren.

Mandeltorte Venezia

Zubereitungszeit: 40 Min.
Backzeit: etwa 35 Min.

Insgesamt:
E: 133 g, F: 398 g, Kh: 486 g, kJ: 26556, kcal: 6346

Für den Rührteig:

- **150 g weiche Butter oder Margarine**
- **150 g Zucker**
- **4 Eier (Größe M)**
- **150 g Weizenmehl**
- **2 gestr. TL Backpulver**
- **1 Pck. Pudding-Pulver Vanille-Geschmack**
- **125 ml (1/8 l) Milch**
- **200 g abgezogene, gemahlene Mandeln**

Für die Füllung:

- **5 Blatt weiße Gelatine**
- **3 Eier (Größe M)**
- **75 g Zucker**
- **2 Pck. Vanillin-Zucker**
- **50 ml Amaretto**
- **250–400 ml Schlagsahne**

Zum Garnieren:

- **125 g Vollmilch-Waffelblättchen**

1 Für den Rührteig Butter oder Margarine mit Handrührgerät mit Rührbesen auf höchster Stufe geschmeidig rühren. Nach und nach Zucker unterrühren, so lange rühren, bis eine gebundene Masse entstanden ist. Eier nach und nach unterrühren (jedes Ei etwa 1/2 Minute).

2 Mehl mit Backpulver mischen, sieben und portionsweise auf mittlerer Stufe unterrühren. Pudding-Pulver mit der Milch anrühren und unter den Teig rühren. Die Mandeln unterrühren.

3 Einen Backrand (25 x 25 cm) auf ein mit Backpapier belegtes Backblech stellen. Den Teig einfüllen und glatt streichen. Das Backblech in den Backofen schieben.

Ober-/Unterhitze:
etwa 180 °C (vorgeheizt)
Heißluft: etwa 160 °C
(nicht vorgeheizt)
Gas: Stufe 2–3 (nicht vorgeheizt)
Backzeit: etwa 35 Min.

4 Den Tortenboden aus dem Backrand lösen, das Backpapier abziehen und das Gebäck auf einem Kuchenrost erkalten lassen.

5 Für die Füllung die Gelatine in wenig kaltem Wasser einweichen. Eier schaumig schlagen und Zucker und Vanillin-Zucker so lange unterrühren, bis sich der Zucker gelöst hat. Amaretto unterrühren.

6 Die Gelatine ausdrücken, auflösen und unter die Amarettomasse rühren. Wenn die Masse anfängt zu gelieren, Sahne steif schlagen und unterheben.

7 Den Tortenboden einmal waagerecht durchschneiden. 1/3 der Creme auf den unteren Boden streichen, den oberen Boden darauf legen und mit der restlichen Creme bestreichen.

8 Die Waffelblättchen im Schachbrettmuster auf die Tortenoberfläche legen.

Tipp:
Für die Füllung nur absolut frische Eier verwenden.

Apfel-Wein-Torte

Zubereitungszeit: 45 Min., ohne Kühlzeit
Backzeit: 50–60 Min.

Insgesamt:
E: 49 g, F: 210 g, Kh: 552 g, kJ: 19506, kcal: 4658

Für den Knetteig:

- **225 g Weizenmehl**
- **1 gestr. TL Backpulver**
- **75 g Zucker**
- **1 Pck. Vanillin-Zucker**
- **1 Prise Salz**
- **1 Ei (Größe M)**
- **75 g weiche Butter**

Für die Füllung:

- **1 kg Äpfel**
- **2 Pck. Pudding-Pulver Vanille-Geschmack**
- **100 g Zucker**
- **2 Pck. Vanillin-Zucker**
- **375 ml (3/8 l) Weißwein**
- **375 ml (3/8 l) klarer Apfelsaft**

Zum Verzieren und Garnieren:

- **400 ml Schlagsahne**
- **2 Pck. Sahnesteif**
- **2 Pck. Vanillin-Zucker**
- **gehackte Pistazienkerne**

1 Für den Knetteig Mehl und Backpulver mischen und in eine Rührschüssel sieben. Zucker, Vanillin-Zucker, Salz, Ei und Butter hinzufügen. Die Zutaten mit Handrührgerät mit Knethaken zunächst kurz auf niedrigster, dann auf höchster Stufe gut durcharbeiten.

2 Anschließend auf der bemehlten Arbeitsfläche zu einem glatten Teig verkneten und etwa 1 Stunde kalt stellen.

3 Zwei Drittel des Teiges auf einem gefetteten Springformboden (Ø 26 cm) ausrollen. Den restlichen Teig zu einer Rolle formen, als Rand auf den Boden legen und so an die Form drücken, dass ein 3 cm hoher Rand entsteht.

4 Für die Füllung Äpfel schälen, vierteln, entkernen und in Würfel schneiden. Aus Pudding-Pulver, Zucker, Vanillin-Zucker, Wein und Apfelsaft nach Packungsaufschrift einen Pudding zubereiten. Die Apfelwürfel sofort unterrühren und die Masse auf den Teig geben. Die Form auf dem Rost in den Backofen schieben.

Ober-/Unterhitze: 160–180 °C (vorgeheizt)
Heißluft: etwa 140–160 °C (nicht vorgeheizt)
Gas: etwa Stufe 2 (nicht vorgeheizt)
Backzeit: 50–60 Min.

5 Die Torte in der Form auf einen Kuchenrost stellen, etwa 15 Minuten abkühlen lassen, den Springformrand lösen und abnehmen. Den Kuchen 3–4 Stunden kalt stellen.

6 Sahne mit Sahnesteif und Vanillin-Zucker steif schlagen, in einen Spritzbeutel mit gezackter Tülle füllen und den Tortenrand damit verzieren. Torte mit Pistazienkernen garnieren.

Abwandlung:
Den Pudding anstelle der Weißwein-Apfelsaft-Mischung mit 750 ml (3/4 l) Apfelsaft kochen.

Creme-Nougat-Torte

Zubereitungszeit: 45 Min., ohne Kühlzeit
Backzeit: 40–60 Min.

Insgesamt:
E: 113 g, F: 552 g, Kh: 455 g, kJ: 31790, kcal: 7597

Für den Biskuitteig:

- **4 Eigelb (Größe M)**
- **200 g erwärmtes Nuss-Nougat**
- **1 Pck. Vanillin-Zucker**
- **5 Tropfen Butter-Vanille-Aroma**
- **4 Eiweiß (Größe M)**
- **80 g Weizenmehl**
- **1 gestr. TL Backpulver**
- **80 g gemahlene Haselnusskerne**
- **80 g Löffelbiskuits**
- **150 ml Schlagsahne**

Für die Füllung:

- **150 ml Schlagsahne**
- **300 g weiße Kuvertüre**
- **250 g weiche Butter**
- **4 EL Himbeergeist**
- **4 EL Wildpreiselbeer-Dessert (aus dem Glas)**

- **aufgelöste, geschabte Kuvertüre**

1 Für den Biskuitteig Eigelb, Nuss-Nougat, Vanillin-Zucker und Butter-Vanille-Aroma mit Handrührgerät mit Rührbesen auf höchster Stufe cremig rühren. Eiweiß steif schlagen und unterheben.

2 Mehl und Backpulver mischen, sieben und zusammen mit Haselnüssen und fein zerbröselten Löffelbiskuits auf niedrigster Stufe unterrühren. Sahne steif schlagen und unterheben.

3 Aus dem Teig 4 Böden backen. Dazu jeweils 1/4 des Teiges in eine Springform (Ø 26 cm, Boden gefettet, mit Backpapier belegt) füllen und glatt streichen. Die Form sofort auf dem Rost in den Backofen schieben.

Ober-/Unterhitze:
etwa 180 °C (vorgeheizt)
Heißluft: etwa 160 °C (vorgeheizt)
Gas: Stufe 2–3 (vorgeheizt)
Backzeit: 10–15 Min. pro Boden.

4 Die Böden stürzen, das Backpapier abziehen und die Böden einzeln auf einem Kuchenrost erkalten lassen.

5 Für die Füllung Sahne zum Kochen bringen. Kuvertüre hacken und in der von der Kochstelle genommenen Sahne unter Rühren auflösen. Die Masse in eine Rührschlüssel geben, mit Klarsichtfolie zudecken und erkalten lassen (am besten über Nacht).

6 Die Masse mit Handrührgerät mit Rührbesen etwa 3 Minuten aufschlagen. Nach und nach Butter unterrühren. Mit Himbeergeist abschmecken.

7 Einen der Böden mit Wildpreiselbeer-Dessert bestreichen und mit dem zweiten Boden belegen. Diesen mit 4 Esslöffeln der Creme bestreichen, mit dem dritten Boden belegen, wieder bestreichen und mit dem vierten Boden belegen.

8 Tortenoberfläche und -rand ebenfalls mit Creme bestreichen. Den Tortenrand mit Hilfe eines Tortenkammes verzieren. Die Torte mit geschabter Kuvertüre garnieren.

Tipp:
Die Torte kann schon 2–3 Tage vor dem Verzehr zubereitet werden. Vor dem Servieren einige Zeit bei Zimmertemperatur stehen lassen. Anstelle der geschabten Kuvertüre Borkenschokolade auf der Oberfläche verteilen (sieht besonders gut aus, wenn man Vollmilch- und Zartbitterborke zusammen verwendet).

Rügener Welle

Zubereitungszeit: 50 Min., ohne Kühlzeit
Backzeit: 60-75 Min.

Insgesamt:
E: 53 g, F: 209 g, Kh: 389 g, kJ: 16259, kcal: 3883

Für den Brandteig:
- **200 ml Wasser**
- **65 g Butter**
- **1 Prise Salz**
- **120 g Weizenmehl**
- **30 g Speisestärke**
- **3–4 Eier (Größe M)**

Für die Kirschgrütze:
- **je 1 Glas entsteinte Sauer- und Süßkirschen (Abtropfgewicht à 370 g)**
- **30 g Speisestärke**
- **20 g Zucker**
- **1 Pck. Bourbon Vanille-Zucker**
- **50 ml Kirschlikör**
- **etwa 20 g Zucker**

Für die Mohnsahne:
- **400 ml Schlagsahne**
- **1 Pck. Sahnesteif**
- **1 EL gesiebter Puderzucker**
- **1 Pck. Bourbon Vanille-Zucker**
- **2 EL frisch gemahlener Mohn**

1 Für den Brandteig Wasser, Butter und Salz in einem Stieltopf zum Kochen bringen.

2 Mehl mit Speisestärke mischen, sieben, auf einmal in die von der Kochstelle genommene Flüssigkeit schütten, zu einem glatten Kloß rühren und unter Rühren etwa 1 Minute erhitzen.

3 Den heißen Kloß sofort in eine Schüssel geben und nach und nach die Eier mit Handrührgerät mit Knethaken auf höchster Stufe unterarbeiten. Eine weitere Eizugabe erübrigt sich, wenn der Teig stark glänzt und so von einem Löffel abreißt, dass lange Spitzen hängenbleiben.

4 Aus dem Teig zunächst 2 Böden backen. Dazu ein Backblech mit Backpapier belegen und einen Kreis (Ø 24 cm) vorzeichnen. Den Kreis mit 1/3 des Teiges mit Hilfe eines nassen Esslöffels ausstreichen. Das Backblech in den Backofen schieben.

Ober-/Unterhitze: etwa 200°C (vorgeheizt)
Heißluft: etwa 180 °C (vorgeheizt)
Gas: Stufe 3–4 (vorgeheizt)
Backzeit: 20–25 Min.

5 Während der ersten 15 Minuten Backofentür nicht öffnen. Den fertigen Boden vom Backpapier lösen, auf einem Kuchenrost erkalten lassen. Den zweiten Boden auf dieselbe Weise backen.

6 Den restlichen Teig in einen Spritzbeutel mit kleiner Lochtülle füllen und in Form von Wellen auf das mit Backpapier belegte Backblech spritzen. Die Wellen wie die Böden backen, vom Backpapier lösen und erkalten lassen.

7 Für die Kirschgrütze Kirschen auf ein Sieb geben und abtropfen lassen. Dabei den Saft auffangen und 300 ml abmessen. Saft mit Speisestärke, Zucker und Bourbon-Vanille-Zucker in einem Topf verrühren und unter Rühren kurz aufkochen lassen. Kirschen und Kirschlikör unterrühren. Grütze mit Zucker abschmecken und erkalten lassen.

8 Für die Mohnsahne Sahne mit Sahnesteif steif schlagen. Puderzucker, Vanille-Zucker und Mohn unterheben.

9 Einen der Böden mit der Hälfte der Kirschgrütze bestreichen. Darauf die Hälfte der Mohnsahne verteilen. Den zweiten Boden darauf legen, mit der restlichen Kirschgrütze und der restlichen Mohnsahne bestreichen. Mit den „Wellen" belegen.

Aida-Torte

Zubereitungszeit: 60 Min., ohne Kühlzeit
Backzeit: etwa 50 Min.

Insgesamt:
E: 87 g, F: 301 g, Kh: 738 g, kJ: 26108, kcal: 6238

Für die Füllung:
- **125 ml (1/8 l) Schlagsahne**
- **300 g Zartbitterschokolade**
- **1 Pck. Vanillin-Zucker**
- **2 EL Orangenlikör**

Für den Nuss-Biskuitteig:
- **2 Eier (Größe M)**
- **2 EL heißes Wasser**
- **75 g Zucker**
- **1 Pck. Vanillin-Zucker**
- **50 g Weizenmehl**
- **50 g Speisestärke**
- **1/2 gestr. TL Backpulver**
- **25 g gemahlene Haselnusskerne**

Für den Schokoladen-Biskuitteig:
- **2 Eier (Größe M)**
- **2 EL heißes Wasser**
- **75 g Zucker**
- **1 Pck. Vanillin-Zucker**
- **50 g Weizenmehl**
- **50 g Speisestärke**
- **1/2 gestr. TL Backpulver**
- **30 g geriebene Zartbitterschokolade**

Für den Guss:
- **200 g Zartbitter-Kuvertüre**
- **15 g Kokosfett**

- **je 75 g geschabte Vollmilch-, Zartbitter- und weiße Kuvertüre**

1 Für die Füllung die Sahne in einem Topf erhitzen. Die Schokolade grob zerkleinern und unter Rühren in der Sahne auflösen. Vanillin-Zucker und Orangenlikör unterrühren. Die Schokoladensahne einige Stunden kalt stellen.

2 Für den Nuss- und Schokoladen-Biskuitteig jeweils getrennt Eier und Wasser mit Handrührgerät mit Rührbesen auf höchster Stufe in 1 Minute schaumig schlagen. Zucker mit Vanillin-Zucker mischen, in 1 Minute einstreuen, dann noch etwa 2 Minuten schlagen.

3 Mehl, Speisestärke und Backpulver mischen, die Hälfte davon auf die Eiercreme sieben und kurz auf niedrigster Stufe unterrühren. Den Rest des Mehlgemisches auf dieselbe Weise unterarbeiten.

4 Für den Nuss-Biskuitteig zuletzt Haselnusskerne, für den Schokoladen-Biskuitteig zuletzt Schokolade kurz unterrühren. Die Teige getrennt in eine Springform (Ø 26 cm, Boden gefettet, mit Backpapier belegt) füllen. Die Form jeweils auf dem Rost in den Backofen schieben und sofort backen.

Ober-/Unterhitze: etwa 180 °C (vorgeheizt)
Heißluft: etwa 160 °C (vorgeheizt)
Gas: Stufe 2–3 (vorgeheizt)
Backzeit: etwa 25 Min. pro Boden

5 Die Böden aus der Form lösen, auf einen mit Backpapier belegten Kuchenrost stürzen, mitgebackenes Backpapier abziehen, die Böden erkalten lassen und einmal waagerecht durchschneiden.

6 Schokoladensahne steif schlagen. Den unteren Nussboden auf eine Tortenplatte legen, mit 1/3 der Schokoladensahne bestreichen, mit dem unteren Schokoladenboden bedecken. Mit der Hälfte der restlichen Schokoladensahne bestreichen, mit dem oberen Nussboden bedecken, mit der restlichen Sahne bestreichen, den oberen Schokoladenboden darauf legen und andrücken.

7 Für den Guss Kuvertüre grob zerkleinern, mit Kokosfett in einem Topf im Wasserbad zu geschmeidiger Masse verrühren, die Torte damit überziehen und fest werden lassen. Vor dem Servieren Torte mit geschabter Kuvertüre garnieren.

Gloria-Torte

Zubereitungszeit: 50 Min.
Backzeit: 10–15 Min.

Insgesamt:
E: 84 g, F: 304 g, Kh: 497 g, kJ: 22076, kcal: 5276

Für den Biskuitteig:

- **4 Eier (Größe M)**
- **4 EL heißes Wasser**
- **200 g Zucker**
- **1 Pck. Vanillin-Zucker**
- **200 g Weizenmehl**
- **1 TL Backpulver**

Für die Füllung:

- **4 Blatt weiße Gelatine**
- **750 ml (3/4 l) Schlagsahne**
- **50 g Zucker**
- **2 Pck. Vanillin-Zucker**
- **2 TL Instant-Kaffeepulver**
- **2 EL Rum**
- **100 g Zartbitter-Schokoladenraspel**
- **1 EL Kakaopulver**

Zum Verzieren:

- **20 g Zartbitterkuvertüre**

Tipp:
Die Biskuitplatte vor dem Bestreichen mit der Sahnemasse zusätzlich mit 2 Esslöffeln Preiselbeer- oder Aprikosenkonfitüre bestreichen.

1 Für den Biskuitteig Eier und Wasser mit Handrührgerät mit Rührbesen auf höchster Stufe in 1 Minute schaumig schlagen. Zucker mit Vanillin-Zucker mischen, in 1 Minute einstreuen, dann noch etwa 2 Minuten schlagen.

2 Mehl und Backpulver mischen, die Hälfte davon auf die Eiercreme sieben und kurz auf niedrigster Stufe unterrühren. Den Rest des Mehlgemisches auf die gleiche Weise unterarbeiten.

3 Den Teig auf ein gefettetes, mit Backpapier belegtes Backblech streichen, das Papier vor dem Teig zur Falte knicken. Das Backblech sofort in den Backofen schieben.

Ober-/Unterhitze:
etwa 200 °C (vorgeheizt)
Heißluft: etwa 180 °C (vorgeheizt)
Gas: Stufe 3–4 (vorgeheizt)
Backzeit: 10–15 Min.

4 Die Biskuitplatte auf ein mit Zucker bestreutes Stück Backpapier stürzen, das mitgebackene Backpapier abziehen und die Platte erkalten lassen. Sie dann der Länge nach in etwa 5 cm breite Streifen schneiden.

5 Für die Füllung Gelatine in kaltem Wasser einweichen. Sahne mit Zucker und Vanillin-Zucker steif schlagen. Das Kaffeepulver im Rum auflösen, mit Schokoladenraspeln und Kakao unter die Sahne heben.

6 Die Gelatine ausdrücken, auflösen und unter die Sahnemasse rühren. 2/3 der Masse auf die Biskuitstreifen streichen. Einen Streifen zu einer Schnecke formen und in die Mitte einer Tortenplatte setzen. Die nächsten Streifen anschließen, bis die Torte gleichmäßig rund ist.

7 Tortenoberfläche und -rand mit der restlichen Sahnemasse bestreichen. Die Kuvertüre mit einem Messer oder Sparschäler auf die Oberfläche schaben.

Abwandlung:
Biskuitstreifen auf einem Knetteigboden zu einer Torte formen. Dazu 150 g Weizenmehl, 75 g Zucker, 1 Pck. Vanillin-Zucker und 100 g Butter zu einem Knetteig verarbeiten und in einer Springform (Ø 26 cm, Boden gefettet) bei etwa 200 °C (Heißluft 180 °C, Gas etwa Stufe 4) 10–15 Minuten backen. Den Boden mit etwas Konfitüre oder aufgelöster Schokolade bestreichen.

Kalte Köstlichkeiten

Diese neuen und raffinierten Tortenkreationen sind einfach Klasse und schmecken Groß und Klein.

Fruchtzwergentorte

Zubereitungszeit: 45 Min., ohne Gefrierzeit

Insgesamt:
E: 81 g, F: 185 g, Kh: 496 g, kJ: 17014, kcal: 4063

- **2 x 6 FruchtZwerge (Fruchtquark)**
- **1 Biskuit-Obstboden (Ø 26 cm)**

Für den Marzipanrasen:

- **200 g Marzipan-Rohmasse**
- **75 g gesiebter Puderzucker**
- **einige Tropfen grüne Speisefarbe**

Für die Sahnecreme:

- **250 ml (1/4 l) Schlagsahne**
- **1 TL Sahnesteif**
- **1 Becher (150 g) Vanillecreme**

Für die Erdbeerkäfer:

- **300 g dicke Erdbeeren**
- **50 g Halbbitter-Kuvertüre**

1 Die FruchtZwerge in der Verpackung gefrieren lassen. Den Obstboden auf eine Tortenplatte legen.

2 Für den Marzipanrasen Marzipan-Rohmasse mit Puderzucker und Speisefarbe verkneten und durch eine Kartoffelpresse drücken.

3 Für die Sahnecreme Sahne mit Sahnesteif steif schlagen. Die Vanillecreme unterheben. Die gefrorenen FruchtZwerge aus den Bechern stürzen und am Rand des Obstbodens verteilen.

4 Die Sahnecreme in einen Spritzbeutel mit glatter Tülle füllen und zwischen die FruchtZwerge und in die Tortenmitte spritzen. Die Torte in den Kühlschrank stellen.

(Fortsetzung Seite 128)

5 Für die Erdbeerkäfer Erdbeeren waschen, entstielen und halbieren. Kuvertüre grob zerkleinern und in einem kleinen Topf im Wasserbad zu einer geschmeidigen Masse verrühren. Die Kuvertüre in eine kleine Pergamentpapiertüte füllen, eine kleine Spitze abschneiden. Die Erdbeerhälften so damit verzieren, dass sie wie Marienkäfer aussehen.

6 Die Marzipanwürmchen so auf der Torte verteilen, dass sie wie Rasen aussehen. Die Torte mit den Erdbeerkäfern garnieren.

Höhlentorte

Zubereitungszeit: 45 Min.

Insgesamt:
E: 37 g, F: 212 g, Kh: 326 g, kJ: 14373, kcal: 3435

- **1 heller Biskuitboden (Ø 26 cm, vom Bäcker)**

Für die Füllung:

- **1 kleine Dose Ananasscheiben (Abtropfgewicht 255 g)**
- **600 ml Schlagsahne**
- **1 Pck. Bourbon-Vanille-Zucker**
- **1 Pck. Sahnesteif**
- **1 EL Zucker**
- **100 g Vollmilch-Schokoladenraspel**

- **1 EL Puderzucker**

1 Den Boden auf der Oberfläche 2 cm vom Rand einschneiden und mit einem Löffel so aushöhlen, dass ein etwa 2 cm breiter Rand und Boden stehen bleibt. Den Boden auf eine Tortenplatte legen. Die Gebäckkrümel grob zerkleinern.

2 Für die Füllung Ananasscheiben auf einem Sieb abtropfen lassen. Die Sahne mit Bourbon-Vanille-Zucker und Sahnesteif steif schlagen.

3 Zucker, Schokoladenraspel und die Hälfte der ausgehöhlten Gebäckkrümel unterheben. Die Masse kuppelartig in den ausgehöhlten Boden füllen.

Tipp:
Nach Belieben die Torte zusätzlich mit aufgelöster Kuvertüre verzieren. Anstelle der Ananasscheiben können auch Mandarinenspalten (aus der Dose) verwendet werden.

4 Die Ananasscheiben einmal waagerecht durchschneiden, so dass dünne Ringe entstehen und am Rand der Tortenoberfläche verteilen. Die restlichen Gebäckkrümel in der Tortenmitte verteilen. Die Torte mit Puderzucker bestäuben.

Abwandlung:
Anstelle des hellen einen dunklen Biskuitboden vom Bäcker (evtl. vorbestellen) verwenden und wie in Punkt 1 beschrieben aushöhlen. Für die Füllung 600 ml Schlagsahne mit 1 Päckchen Sahnesteif, 2 Esslöffeln Zucker und 2 Esslöffeln gesiebtem Kakaopulver steif schlagen. ⅔ der Gebäckkrümel unterheben und die Masse ungleichmäßig in den ausgehöhlten Boden füllen. 4 Esslöffel Eierlikör darüberträufeln. Die restlichen Gebäckkrümel als Häufchen darauf verteilen und mit 2 Esslöffeln geraspelter, weißer Schokolade bestreuen.

Kalter Hund

(Foto oben)
Zubereitungszeit: 20 Min., ohne Kühlzeit

Insgesamt:
E: 67 g, F: 312 g, Kh: 397 g, kJ: 20060, kcal: 4789

- **250 g Kokosfett**
- **4 Eier (Größe M, ganz frisch)**
- **280 g gesiebter Puderzucker**
- **80 g gesiebtes Kakaopulver**
- **etwa 35 Butterkekse**
- **evtl. Kakaopulver**

1 Das Kokosfett zerlassen und abkühlen lassen.

2 Eier mit Puderzucker und Kakao verrühren und das Kokosfett unterrühren. Eine Kastenform (25 x 11 cm) mit Back- oder Pergamentpapier auslegen und abwechselnd Kakaocreme und Kekse einschichten.

3 Die Kastenform in den Kühlschrank stellen und den kalten Hund fest werden lassen (am besten über Nacht).

4 Den kalten Hund aus der Form stürzen, das Papier abziehen, das Gebäck nach Belieben mit Kakao bestäuben und in etwa 1 cm dicke Scheiben schneiden.

Tipp:
Die Eier sollten dieselbe Temperatur haben wie das Kokosfett, weil die Masse sonst gerinnen könnte.

Trüffelhund

(Foto unten)
Zubereitungszeit: 40 Min., ohne Kühlzeit

Insgesamt:
E: 62 g, F: 341 g, Kh: 385 g, kJ: 21633, kcal: 5168

- **300 g Halbbitter-Kuvertüre**
- **400 ml Schlagsahne**
- **6 Eigelb (Größe M, ganz frisch)**
- **75 g gesiebter Puderzucker**
- **100 ml Eierlikör**
- **etwa 35 Butterkekse**
- **125 ml (1/8 l) Schlagsahne**
- **2 EL geschabte Halbbitter-Kuvertüre**

1 Die Kuvertüre grob zerkleinern, in einem kleinen Topf im Wasserbad bei schwacher Hitze zu einer geschmeidigen Masse verrühren und etwas abkühlen lassen.

2 Die Sahne steif schlagen. Eigelb und Puderzucker mit Handrührgerät mit Rührbesen weißcremig aufschlagen. Eierlikör und Kuvertüre vorsichtig unterrühren. Sahne unterheben.

3 Einen Teil der Masse gut 1 cm dick in eine mit Back- oder Pergamentpapier ausgelegte Kastenform (25 x 11 cm) füllen. Die Masse dicht mit Butterkeksen belegen. Darauf wieder abwechselnd Creme und Butterkekse schichten, bis die Creme verbraucht ist. Die Kastenform über Nacht in den Kühlschrank stellen.

4 Den Trüffelhund auf eine Servierplatte stürzen und das Papier abziehen. Die Sahne steif schlagen, in einen Spritzbeutel mit Sternbandtülle füllen und den Trüffelhund damit verzieren. Mit Kuvertüre garnieren.

Schnelle Schwarzwälder Kirschtorte

Zubereitungszeit: 30 Min., ohne Kühlzeit

Insgesamt:
E: 49 g, F: 176 g, Kh: 483 g, kJ: 15902, kcal: 3798

- **1 dunkler Wiener Boden (Ø 26 cm, 3 Lagen)**

Für Füllung und Belag:

- **1 Pck. Tortenguss, klar**
- **2 EL Wasser**
- **1 Becher Kirschgrütze (500 g)**
- **500 ml (1/2 l) Schlagsahne**
- **1 Pck. Sahnesteif**
- **2 Pck. Vanillin-Zucker**
- **1 EL gesiebtes Kakaopulver**
- **1 EL Kirschwasser**

- **150 g Kirschen mit Stiel**
- **50 g Halbbitter-Kuvertüre**

1 Den unteren Boden auf eine Tortenplatte legen und einen Tortenring darumstellen.

2 Für Füllung und Belag den Tortenguss mit Wasser in einem Topf glatt rühren, mit der Kirschgrütze vermengen und unter Rühren einmal aufkochen lassen. Die Masse auf dem unteren Boden verteilen. Die Torte kalt stellen, bis die Masse fest geworden ist.

3 Sahne mit Sahnesteif und Vanillin-Zucker steif schlagen. Knapp die Hälfte der Sahne mit Kakao und Kirschwasser verrühren. Einen Teil der Kakaosahne auf die Kirschgrütze streichen. Den mittleren Boden darauf legen und mit der restlichen Kakaosahne bestreichen.

4 Den oberen Boden darauf legen. Tortenrand und -oberfläche mit etwas von der restlichen Sahne bestreichen. Die übrige Sahne in einen Spritzbeutel mit kleiner Lochtülle füllen und die Tortenoberfläche damit verzieren.

5 Die Kirschen waschen und trockentupfen (nicht entstielen). Kuvertüre grob zerkleinern und in einem kleinen Topf im Wasserbad bei schwacher Hitze zu einer geschmeidigen Masse verrühren. Die Kirschen in die Kuvertüre tauchen und fest werden lassen.

6 Die restliche Kuvertüre in ein Pergamentpapiertütchen füllen, eine kleine Spitze abschneiden und den Tortenrand mit der Kuvertüre besprenkeln. Die Torte mit den Kirschen garnieren.

Fruttinatorte

Zubereitungszeit: 30 Min., ohne Kühlzeit

Insgesamt:
E: 127 g, F: 392 g, Kh: 376 g, kJ: 23947, kcal: 5720

Für den Boden:

- **150 g Eiswaffeln mit Füllung**
- **100 g Butter**

Für den Belag:

- **400 g Doppelrahm-Frischkäse**
- **100 g Zucker**
- **1 Pck. Vanillin-Zucker**
- **3 EL Zitronensaft**
- **1 1/2 Pck. Fruttina Zitrone-Geschmack (Fruchtdessertpulver)**
- **250 ml (1/4 l) Wasser**
- **400 ml Schlagsahne**

Für den Guss:

- **1/2 Pck. Fruttina Zitrone-Geschmack**
- **50 g Zucker**
- **250 ml (1/4 l) Wasser**
- **125 ml (1/8 l) Schlagsahne**
- **18 Gelee-Zitronen-scheibenhälften**

1 Für den Boden Eiswaffeln in einen Gefrierbeutel geben, den Beutel verschließen, die Eiswaffeln mit einer Teigrolle zerdrücken und in eine Schüssel geben.

2 Butter zerlassen, zu den Bröseln geben und gut verrühren. Die Masse gleichmäßig in einer Springform (Ø 26 cm, Boden gefettet, mit Backpapier belegt) verteilen und gut andrücken.

3 Für den Belag den Frischkäse mit Zucker, Vanillin-Zucker und Zitronensaft verrühren. Fruttina nach Packungsaufschrift – aber nur mit 250 ml (1/4 l) Wasser – zubereiten und noch heiß mit Handrührgerät mit Rührbesen unter die Frischkäsemasse rühren.

4 Die Sahne steif schlagen und unterrühren. Die Masse in die Springform füllen und glatt streichen. Die Torte etwa 2 Stunden kalt stellen.

5 Für den Guss Fruttina mit Zucker und Wasser nach Packungsaufschrift – aber mit 250 ml (1/4 l) Wasser – zubereiten. Fruttina vorsichtig, aber schnell auf dem Belag verteilen, glatt streichen und fest werden lassen.

6 Die Torte aus der Form lösen und auf eine Tortenplatte legen. Die Sahne steif schlagen, in einen Spritzbeutel mit mittelgroßer Sterntülle füllen und 16 Tupfen auf die Tortenoberfläche spritzen. Je 1 Geleefrucht an jeden Sahnetupfen lehnen. Die beiden restlichen Geleefrüchte in kleine Würfel schneiden und auf der Tortenmitte verteilen.

Abwandlung:
Wenn Sie lieber ungefüllte Eiswaffeln, wie z. B. Eiswaffelherzen verwenden, die Brösel mit 125 g Butter verrühren.

Tipp:
Den Tortenrand nach Belieben mit Puderzucker bestäuben.

Beerenstarke Super-Dickmann's-Torte

Zubereitungszeit: 30 Min., ohne Kühlzeit

Insgesamt:
E: 68 g, F: 181 g, Kh: 496 g, kJ: 16994, kcal: 4006

Für die Füllung:

- **18 Super Dickmann´s (große Schokoküsse)**
- **500 g Vollmilchjoghurt**
- **1 EL Zitronensaft**
- **1 Pck. Vanillin-Zucker**
- **2 EL Zucker**
- **300 g vorbereitete, gemischte Früchte, z. B. Erdbeeren, Heidelbeeren und Mandarinen (aus der Dose)**
- **40 g Cornflakes**
- **8 Blatt weiße Gelatine**
- **200 ml Schlagsahne**

- **1 Lage von 1 hellen Wiener Boden (Ø 26 cm)**

Zum Verzieren:

- **125 ml (1/8 l) Schlagsahne**
- **1/2 Pck. Sahnesteif**

1 Für die Füllung die Schaummasse der Schokoküsse von den Waffelböden ablösen und in eine Rührschüssel geben. Joghurt, Zitronensaft, Vanillin-Zucker und Zucker hinzugeben und alles verrühren. Eine Schüssel (Ø 22 cm, mit möglichst rundem Boden, mit Klarsichtfolie ausgelegt) mit den Waffelböden auslegen (mit der Unterseite nach außen).

2 Erdbeeren waschen, abtropfen lassen, entstielen und evtl. klein schneiden. Heidelbeeren putzen, waschen und abtropfen lassen. Mandarinen auf einem Sieb abtropfen lassen. Die vorbereiteten Früchte und die Cornflakes unter die Joghurtmasse rühren.

3 Die Gelatine nach Packungsaufschrift einweichen, ausdrücken, auflösen und unter die Joghurt-Früchte-Masse rühren. Die Sahne steif schlagen und unterheben. Die Masse in die Schüssel füllen und über Nacht kalt stellen.

4 Vor dem Servieren den Biskuitboden auf eine Tortenplatte legen und den Schüsselinhalt mittig darauf stürzen, so dass außen ein gleichmäßiger Rand entsteht. Die Folie entfernen.

5 Die Sahne mit Sahnesteif steif schlagen, in einen Spritzbeutel mit Sterntülle füllen und den Biskuitbodenrand und nach Belieben die Torte damit verzieren.

Tipp:
Nach Belieben die Super-Dickmann´s-Torte zusätzlich mit Früchten garnieren. Die übrigen Gebäcklagen einfrieren.

Gerri-Charlotte

Zubereitungszeit: 25 Min., ohne Kühlzeit

Insgesamt:
E: 47 g, F: 257 g, Kh: 290 g, kJ: 15737, kcal: 3760

Für den Boden:

- **100 g Löffelbiskuits**
- **30 g geraspelte Schokolade**
- **80 g Butter**
- **½ TL Orangenfrucht**

Für den Rand:

- **6 Löffelbiskuits**
- **6 Milchschokoladen-Riegel mit Waffel und Nougat-cremefüllung**

Für die Creme:

- **1½ Beutel aus 1 Pck. Götterspeise Zitrone-Geschmack**
- **6 EL kaltes Wasser**
- **200 ml Gerri Orange (Orangenlimonade)**
- **2 EL Zitronensaft**
- **120 g Zucker**
- **500 ml (½ l) Schlagsahne**

- **evtl. Obst, Marshmallows oder Weingummi**

1 Für den Boden die Löffelbiskuits in einen Gefrierbeutel geben, den Beutel verschließen, die Löffelbiskuits mit einer Teigrolle fein zerdrücken und in eine Schüssel geben.

2 Die Gebäckbrösel mit der Schokolade vermengen. Die Butter zerlassen, mit Orangenfrucht zu den Bröseln geben, gut verrühren, in eine Springform (Ø 22 cm, Boden gefettet) füllen und gut andrücken. Den Boden kalt stellen.

3 Für den Rand Löffelbiskuits und Schokoladenriegel quer halbieren und abwechselnd als Rand an den Springformrand stellen.

4 Für die Creme Götterspeise mit Wasser verrühren und etwa 10 Minuten quellen lassen. Dann unter Rühren erwärmen und auflösen. Gerri Orange, Zitronensaft und Zucker unterrühren und die Masse kalt stellen.

5 Wenn die Masse anfängt dicklich zu werden, Sahne steif schlagen und unterheben. Die Creme in die Form füllen und nicht ganz glatt streichen. Die Charlotte einige Stunden kalt stellen.

6 Den Springformrand entfernen, die Torte auf eine Tortenplatte legen und nach Belieben mit Obst-, Marshmallow- oder Weingummi-Spießen garnieren.

Schoko-Igel

Zubereitungszeit: 30 Min., ohne Kühlzeit

Insgesamt:
E: 60 g, F: 284 g, Kh: 539 g, kJ: 21222, kcal: 5068

- **1 dunkler Wiener Boden (Ø 26 cm, 3 Lagen)**

Für die Creme:

- **1 Pck. Pudding-Pulver Schokolade-Geschmack**
- **100 g Zucker**
- **1 Pck. Bourbon-Vanille-Zucker**
- **500 ml (1/2 l) kalte Milch**
- **50 g grob gehackte Zartbitter- oder Mokka-schokolade**
- **200 g weiche Butter**

- **125 ml (1/8 l) Schlagsahne**
- **1/2 TL Sahnesteif**
- **1 Pck. (100 g) Mikadostäbchen (Kekssticks mit Schokolade)**
- **bunte Schokolinsen mit Zuckerglasur**
- **1 TL Kakaopulver**

1 Mit Hilfe einer Schablone aus dem ganzen Wiener Boden einen Igel (tropfenförmig) schneiden. Die abgeschnittenen Gebäckränder zerbröseln.

2 Für die Creme Pudding-Pulver, Zucker und Bourbon-Vanille-Zucker mit etwas von der Milch anrühren. Die restliche Milch mit Schokolade zum Kochen bringen.

3 Das angerührte Pudding-Pulver in die von der Kochstelle genommene Schoko-Milch rühren und einmal aufkochen lassen. Erkalten lassen, dabei ab und zu umrühren.

4 Butter mit Handrührgerät mit Rührbesen geschmeidig rühren, den Pudding esslöffelweise unterrühren. Die Hälfte der Creme mit den Gebäckbröseln vermengen, die Igel-Gebäcklagen damit dünn bestreichen und zusammensetzen.

5 Den Igel ganz mit der restlichen Creme bestreichen, dabei den Körper etwas dicker bestreichen als den Kopf.

6 Sahne mit Sahnesteif steif schlagen und in einen Spritzbeutel mit glatter Tülle füllen. Den Igel damit verzieren.

7 Mikadostäbchen als Stacheln in den Igel stecken und mit Schokolinsen das Gesicht markieren. Den Schoko-Igel einige Zeit kalt stellen. Vor dem Servieren mit Kakao bestäuben.

Tipp:
Für die Creme darauf achten, dass Pudding und Butter die gleiche Temperatur (Zimmertemperatur) haben, da sonst die sogenannte Gerinnung eintritt.

Mr. Cool-Iglu-Eistorte

Zubereitungszeit: 20 Min., ohne Kühlzeit

Insgesamt:
E: 39 g, F: 140 g, Kh: 338 g, kJ: 12736, kcal: 3036

- **150 g Eiskonfekt (z. B. „Mister Cool" von Friedel)**
- **2 Karlsbader Oblaten (Ø etwa 20 cm)**
- **1500 ml Vanille-Eiscreme**

Zum Verzieren:
- **50 g Eiskonfekt**

1 50 g des Eiskonfekts in einem kleinen Topf im Wasserbad bei schwacher Hitze geschmeidig rühren, mit der Hälfte davon eine Oblate bestreichen, zweite Oblate auflegen, andrücken und mit dem restlichen geschmolzenen Eiskonfekt bestreichen. Trocknen lassen.

2 Restliches Eiskonfekt hacken. Eiscreme antauen lassen und Eiskonfekt unter das Eis rühren. Das Eis in eine mit Frischhaltefolie ausgelegte kleinere Glasschale (Ø etwa 20 cm, etwa 1,5 l Inhalt) füllen und dabei fest andrücken.

3 Oblaten mit der Schokoladenseite nach innen auf das Eis legen, leicht andrücken und für mindestens 2 Stunden ins Gefrierfach stellen.

4 Eistorte stürzen und z. B. mit Hilfe eines Teelöffelstiels „Iglu-Bausteine" auf der Oberfläche einzeichnen. Zum Verzieren Eiskonfekt in einem kleinen Topf im Wasserbad bei schwacher Hitze geschmeidig rühren, in einen Gefrierbeutel füllen, eine kleine Ecke abschneiden und Tür und Bausteine des Iglus damit nachzeichnen.

Tipp:
Bereiten Sie das Iglu doch einmal aus Erdbeereis zu.

Schokobiskvitrollentorte

Zubereitungszeit: 25 Min., ohne Kühlzeit

Insgesamt:
E: 58 g, F: 128 g, Kh: 268 g, kJ: 10834, kcal: 2585

- **2 dunkle Biskuitrollen mit Schokolade-Cremefüllung (à 300 g), fertig gekauft**

Für die Füllung:
- **1 Dose Mandarinen (Abtropfgewicht 175 g)**
- **1 Pck. Tortencreme Mousse au chocolat**
- **400 ml Milch**
- **250 ml (1/4 l) Schlagsahne**

1 Biskuitrollen in den Kühlschrank legen, Mandarinen gut abtropfen lassen. Springformrand (Ø 26 cm) oder Tortenring auf eine Tortenplatte stellen.

2 Biskuitrollen in 1 cm dünne Scheiben schneiden (je Rolle etwa 13 Stück). Erst Rand, dann Boden damit dicht auslegen.

3 Tortencreme nach Anleitung zubereiten. Erst 1/3 der Schokosahne auf den Biskuitrollenboden geben, die Mandarinen darauf verteilen und dann die restliche Sahne darauf geben, glatt streichen. Restliche Scheiben dicht aneinander darauf legen. Torte 2 Stunden kalt stellen.

Knusper-Eistorte

Zubereitungszeit: 30 Min., ohne Gefrierzeit

Insgesamt:
E: 40 g, F: 229 g, Kh: 245 g, kJ: 13901, kcal: 3322

Für den Boden:
- **120 g Waffeln ohne Füllung, z. B. Eiswaffelherzen**
- **50 g weiche Butter**

Für den Belag:
- **3 Eigelb (Größe M, ganz frisch)**
- **60 g Zucker**
- **1 Pck. Vanillin-Zucker**
- **60 g Marzipan-Rohmasse**
- **1 kleine Saftorange (unbehandelt)**
- **1 EL Orangenlikör**
- **300 ml Schlagsahne**
- **125 ml (1/8 l) flüssige Schokoladenglasur für Eis**

- **evtl. Orangenfilets und Orangenschalenstreifen**

1 Für den Boden die Waffeln in einen Gefrierbeutel geben, den Beutel verschließen, die Waffeln mit einer Teigrolle fein zerdrücken und in eine Schüssel geben.

2 Die Gebäckbrösel mit der Butter vermengen, in eine Springform (Ø 18 cm, Boden gefettet) füllen, andrücken und gefrieren lassen.

3 Für den Belag Eigelb mit Zucker und Vanillin-Zucker schaumig rühren. Marzipan-Rohmasse auf einer groben Reibe dazu raspeln und zu einer geschmeidigen Masse rühren.

4 Von der Orange die Schale abreiben, den Saft auspressen. Orangenschale und 2 Esslöffel Orangensaft mit dem Orangenlikör zu der Eigelbcreme geben und unterrühren.

5 Die Sahne steif schlagen und unterheben. Die Creme in einer flachen Schüssel etwa 1 1/2 Stunden gefrieren lassen, bis das Eis streichfähig ist.

6 Die erste Schicht Eis etwa 3 cm dick auf den Waffelboden streichen und darüber eine dünne Schicht Schokoladenglasur spritzen, so dass das Eis bedeckt ist. Die Schicht kurz gefrieren lassen.

7 Dann die zweite Eisschicht einfüllen, mit Schokoladenglasur abdecken und wieder gefrieren lassen. So lange fortfahren, bis das Eis aufgebraucht ist. Die letzte Schicht sollte aus Eis bestehen. Die Torte mindestens 3 Stunden gefrieren lassen.

8 Die Torte aus der Form lösen, mit Schokoladenglasur besprenkeln und nach Belieben mit Orangenfilets und -schale garnieren. Zum Servieren mit dem elektrischen Messer schneiden.

Tipp:
Die Orangenfilets zum Garnieren kurz gefrieren lassen und dann mit der Schokoladenglasur besprenkeln.

Dalmatinertorte

Zubereitungszeit: 30 Min., ohne Kühl- und Gefrierzeit

Insgesamt:
E: 97 g, F: 180 g, Kh: 1044 g, kJ: 26951, kcal: 6438

Für Boden und Garnitur:
- **100 g Vollmilch-Kuvertüre**
- **200 g weiße Kuvertüre**
- **150 g Kellogg's Corn Pops**

Für den Belag:
- **2 Pck. (à 750 ml) Stracciatella-Eiscreme**
- **1 Pck. (750 ml) Schokoladen-Eiscreme**
- **75 g Vollmilch-Schokoladenflocken**

1 Für Boden und Garnitur beide Kuvertüresorten grob zerkleinern und getrennt in einem kleinen Topf im Wasserbad bei schwacher Hitze zu einer geschmeidigen Masse verrühren.

2 Die Corn Pops in einen Gefrierbeutel geben, den Beutel verschließen, die Corn Pops mit einer Teigrolle grob zerdrücken und 2/3 davon mit der weißen Kuvertüre vermengen. 2/3 der Kuvertüre-Corn-Pops-Masse in eine Springform (Ø 26 cm, Boden mit Pergament- oder Backpapier ausgelegt) füllen und glatt streichen.

3 Die restliche Kuvertüre-Corn Pops-Masse als Häufchen auf ein Stück Pergament- oder Backpapier setzen. Die restlichen Corn Pops mit etwas von der Vollmilch-Kuvertüre vermengen, ebenfalls als Häufchen auf das Papier setzen und kalt stellen.

4 Die restliche Vollmilch-Kuvertüre mit Hilfe eines Löffels auf den Corn-Pops-Boden klecksen und den Boden kalt stellen.

5 Für den Belag beide Eiscremesorten antauen lassen. Die Stracciatella-Eiscreme mit den Schokoladenflocken vermengen und mit Hilfe von 2 Esslöffeln mit Abstand in Häufchen auf den Corn-Pops-Boden setzen. Die Schokoladen-Eiscreme in die Zwischenräume setzen und die Torte gefrieren lassen.

6 Die Dalmatinertorte vor dem Servieren aus der Form lösen und das Papier entfernen. Die Torte auf eine Tortenplatte setzen und mit den Corn-Pops-Häufchen garnieren.

Frutti-di-mare-Kuppel

Zubereitungszeit: 45 Min., ohne Kühlzeit

Insgesamt:
E: 82 g, F: 437 g, Kh: 518 g, kJ: 28754, kcal: 6862

Für den Belag:

- **250 g Vollmilchschokolade**
- **250 ml (1/4 l) Schlagsahne**
- **150 g gemahlene Haselnusskerne**
- **150 g Eiswaffeln ohne Füllung, z. B. Eiswaffelherzen**
- **50 g Butter**
- **80 g Zucker**
- **1 Pck. Vanillin-Zucker**

Für den Boden:

- **50 g Butter**
- **100 g Zucker**
- **100 g abgezogene, gehobelte Mandeln**
- **100 ml Schlagsahne**

Zum Verzieren und Garnieren:

- **1 Pck. (100 g) Kuchenglasur**
- **einige Schokoladen-Meeresfrüchte (Belgisches Konfekt)**

1 Für den Belag Schokolade grob zerkleinern, in der Sahne unter ständigem Rühren so lange erhitzen, bis die Schokolade geschmolzen ist und erkalten lassen.

2 Die Haselnüsse in einer Pfanne ohne Fett anrösten und erkalten lassen. Die Eiswaffeln in einen Gefrierbeutel geben, den Beutel verschließen und die Waffeln mit einer Teigrolle zerdrücken.

3 Die Butter schaumig rühren, nach und nach Zucker und Vanillin-Zucker unterrühren. Die Schokoladensahne mit Handrührgerät mit Rührbesen aufschlagen und unter die Butter rühren. Zum Schluss Haselnüsse und Waffelbrösel unterrühren. Die Masse in eine mit Klarsichtfolie ausgelegte Bombenform (Ø 20 cm) füllen und über Nacht kalt stellen.

4 Für den Boden Butter in einem Topf zerlassen und den Zucker unter Rühren darin auflösen. Wenn die Masse zu bräunen beginnt, die Mandeln unterrühren. Den Topf von der Kochstelle nehmen und langsam unter Rühren die Sahne zugeben.

5 Unter Rühren weiterkochen, bis die Masse dicklich eingekocht, aber nicht braun ist. Auf einem mit Speiseöl bestrichenen Stück Alufolie einen Kreis (Ø 22 cm) markieren. Die Masse mit Hilfe eines feuchten Löffels in dem Kreis verteilen und flach drücken. Den Boden erkalten lassen.

6 Den Mandelboden von der Alufolie lösen und auf eine Tortenplatte legen. Die Füllungsmasse auf den Boden stürzen und die Klarsichtfolie abziehen.

7 Die Kuchenglasur nach Packungsaufschrift auflösen und die Kuppel damit überziehen. Die Kuppel mit den Meeresfrüchten garnieren.

Abwandlung:
Nach Belieben 50 g der Mandeln für den Boden durch Cornflakes ersetzen.

Tipp:
Nach Belieben etwas von der Kuchenglasur in ein kleines Pergamentpapiertütchen füllen und die mit Glasur bezogene Kuppel damit verzieren.

Johannisbeer-Schwips-Torte

Zubereitungszeit: 30 Min., ohne Kühlzeit

Insgesamt:
E: 89 g, F: 143 g, Kh: 417 g, kJ: 15552, kcal: 3710

- **1 Mürbeteig-Obstboden (Ø 26 cm)**

Für die Füllung:

- **500 g Sahnequark**
- **100 g Zucker**
- **50 ml Johannisbeerlikör**
- **4 Blatt rote Gelatine**
- **50 ml Johannisbeersaft**

Für den Belag:

- **500 g frische Johannisbeeren**
- **1 Pck. Tortenguss, rot**
- **2 EL Zucker**
- **200 ml Johannisbeersaft**
- **50 ml Johannisbeerlikör**

1 Für die Füllung Quark in eine Rührschüssel geben, Zucker und Likör unterrühren. Gelatine nach Packungsanleitung einweichen, in einem kleinen Topf auflösen und mit dem Johannisbeersaft verrühren.

2 Gelatine-Saft-Mischung unter die Quarkmasse rühren. 5 Minuten warten, bis die Masse leicht anzieht, dann die Quarkmasse leicht kuppelförmig auf den Mürbeteig-Obstboden streichen.

3 Für den Belag die Johannisbeeren waschen, von den Rispen streifen und die Torte damit kuppelförmig dicht bedecken.

4 Den Guss aus Tortengusspulver, Zucker, Johannisbeersaft und Likör nach Packungsanleitung zubereiten und mit Hilfe eines Esslöffels großzügig über die Johannisbeeren verteilen. Die Torte 1 Stunde kalt stellen.

Tipp:
Besonders gut schmeckt die Torte, wenn sie richtig durchgezogen ist. Statt Likör können Sie für Kinder auch Johannisbeersaft verwenden.

Tiramisu-Charlotte

Zubereitungszeit: 30 Min., ohne Kühlzeit

Insgesamt:
E: 80 g, F: 468 g, Kh: 484 g, kJ: 29414, kcal: 7028

Für den Boden:

- **2 Gebäckrollen mit Schokocremefüllung (à 300 g)**

Für die Füllung:

- **4 Blatt weiße Gelatine**
- **2 Pck. Dr. Oetker Creme Tiramisu (Dessertpulver für 325 ml Flüssigkeit)**
- **200 ml Milch**
- **200 ml Schlagsahne**
- **500 g Mascarpone (italienischer Frischkäse)**
- **4 EL Amaretto**
- **70 g Amarettini**

- **2 TL Kakaopulver**

1 Die Gebäckrollen in etwa 1 cm dicke Scheiben schneiden. Eine Schüssel (Ø 20–22 cm, Inhalt 2 l) mit Klarsichtfolie auslegen. Die Gebäckscheiben eng einschichten (einige Scheiben zum Belegen der Creme zurücklassen).

2 Für die Füllung Gelatine nach Packungsaufschrift einweichen. Das Dessertpulver mit Milch und Sahne nach Packungsaufschrift – aber mit 200 ml Milch und 200 ml Sahne – zubereiten. Mascarpone und Amaretto unterrühren.

3 Gelatine ausdrücken, auflösen und unterrühren. Die Amarettini zugeben, die Masse in die Schüssel füllen und glatt streichen. Mit den restlichen Gebäckscheiben belegen. Die Charlotte über Nacht kalt stellen.

4 Die Charlotte auf eine Platte stürzen und die Klarsichtfolie abziehen. Mit Kakao bestäuben.

Tipp:
Anstelle der Gebäckrollen können auch aufgetaute TK-Biskuitrollen verwendet werden.
Die Charlotte nach Belieben mit Schlagsahne verzieren.

Mousse-au-Cappuccino-Torte

Zubereitungszeit: 25 Min., ohne Kühlzeit

Insgesamt:
E: 45 g, F: 286 g, Kh: 193 g, kJ: 15221, kcal: 3637

Für den Boden:
- **200 g Schoko-Cookies (Schokoladenkekse)**
- **125 g Butter**

Für den Belag:
- **2 Pck. Dr. Oetker Mousse au Chocolat (Dessertpulver für 250–300 ml Flüssigkeit)**
- **300 ml Milch**
- **200 ml Schlagsahne**
- **2 Beutel (je 10 g) Instant-Cappuccinopulver**

Zum Verzieren und Garnieren:
- **200 ml Schlagsahne**
- **einige Mokkabohnen oder -pralinen**
- **30 g Zartbitterschokolade**
- **evtl. etwas Kakaopulver**

1 Für den Boden die Schoko-Cookies in einen Gefrierbeutel geben, den Beutel verschließen, die Schoko-Cookies mit einer Teigrolle zerdrücken und in eine Schüssel geben.

2 Butter zerlassen, zu den Bröseln geben und gut verrühren. Die Masse gleichmäßig in einer Springform (Ø 26 cm, Boden gefettet, mit Backpapier belegt) verteilen und gut andrücken.

3 Für den Belag die Mousse au Chocolat mit Milch und Sahne nach Packungsaufschrift – aber mit 300 ml Milch und 200 ml Sahne – zubereiten, Cappuccinopulver unterschlagen, die Masse auf den Boden geben und glatt streichen. Die Torte etwa 1 Stunde kalt stellen.

4 Die Torte aus der Form lösen, das Backpapier entfernen und die Torte auf eine Tortenplatte legen.

5 Die Sahne steif schlagen und so auf die Tortenoberfläche streichen, dass rundherum ein etwa 2 cm breiter Mousse-Streifen sichtbar bleibt. In die Sahne mit Hilfe eines Teelöffels Vertiefungen eindrücken. Mit Mokkabohnen oder -pralinen garnieren.

6 Die Schokolade in einem kleinen Topf im Wasserbad bei schwacher Hitze zu einer geschmeidigen Masse verrühren und in ein Pergamentpapiertütchen füllen. Eine kleine Spitze abschneiden und den Tortenrand mit der Schokolade verzieren. Nach Belieben die Tortenplatte mit verzieren.

7 Die Torte vor dem Servieren nach Belieben mit Kakao bestäuben. Die Torte gut gekühlt servieren.

Abwandlung:
Anstelle der Schoko-Cookies den Boden mit derselben Menge Waffelröllchen mit Schokolade zubereiten.

Tipp:
Schoko-Cookies gibt es in unterschiedlichen Packungsgrößen. Bei einer 175 g-Packung können die Cookies mit Zwieback oder Löffelbiskuits auf 200 g aufgefüllt werden.

Philadelphia-Erdbeer-Kuppel

Zubereitungszeit: 40 Min., ohne Kühlzeit

Insgesamt:
E: 81 g, F: 329 g, Kh: 321 g, kJ: 20153, kcal: 4819

Für den Boden:
- **150 g Löffelbiskuits**
- **125 g Butter**

Für den Belag:
- **250 g vollreife, kleine Erdbeeren**
- **10 Löffelbiskuits**
- **3 EL Orangenlikör**
- **400 g Philadelphia Doppelrahm-Frischkäse**
- **300 g Joghurt**
- **3 EL Zitronensaft**
- **70 g Zucker**
- **1 Pck. Tortenguss, klar**
- **1–2 EL Zucker**
- **150 ml Orangensaft**
- **250 ml (1/4 l) Schlagsahne**

Zum Garnieren:
- **abgeriebene Schale von 2 Orangen (unbehandelt)**
- **1 EL Orangenmarmelade**

1 Für den Boden Löffelbiskuits in einen Gefrierbeutel geben, den Beutel verschließen, die Löffelbiskuits mit einer Teigrolle zerbröseln und in eine Schüssel geben.

2 Butter zerlassen, zu den Löffelbiskuitbröseln geben und gut verrühren. Die Masse gleichmäßig in einer Springform (Ø 26 cm, Boden gefettet, mit Backpapier belegt) verteilen und gut andrücken.

3 Für den Belag Erdbeeren waschen, gut abtropfen lassen, entstielen und vierteln. Die Löffelbiskuits mit dem Orangenlikör beträufeln.

4 Frischkäse mit Joghurt, Zitronensaft und Zucker verrühren. Tortenguss, Zucker und Orangensaft in einem kleinen Topf unter Rühren aufkochen und unter die Frischkäsemasse rühren.

5 Sahne steif schlagen und unter die Frischkäsemasse heben. 1/3 der Creme auf den Boden füllen, mit den getränkten Löffelbiskuits belegen und einige Erdbeerstücke darüber streuen.

6 Die restliche Creme kuppelartig darauf streichen und mit den restlichen Erdbeerstücken bestreuen. Die Torte 3 Stunden kalt stellen.

7 Orangenschale mit Orangenmarmelade in einem kleinen Topf aufkochen und erkalten lassen. Die Torte damit garnieren.

Abwandlung:
Anstelle der Erdbeeren können auch Himbeeren, Heidelbeeren oder Nektarinen verwendet werden.

Tipp:
Möglichst frisch gepressten Orangensaft verwenden.

Maracuja-Joghurt-Torte

Zubereitungszeit: 30 Min., ohne Kühlzeit

Insgesamt:
E: 82 g, F: 189 g, Kh: 573 g, kJ: 18434, kcal: 4391

- **3 Lagen von 1 hellen Wiener Boden (Ø 26 cm)**

Für die Füllung:
- **1 Pck. Dr. Oetker Tortencreme Käse-Sahne**
- **500 ml (1/2 l) Schlagsahne**
- **450 g Naturjoghurt**
- **200 ml Maracujanektar**

Für den Guss:
- **2 Pck. Tortenguss, klar**
- **375 ml (3/8 l) Maracujanektar**
- **125 ml (1/8 l) Wasser**

1 Eine Lage Wiener Boden auf eine Tortenplatte legen, Springformrand oder Tortenring darumstellen.

2 Für die Füllung Tortencreme mit Sahne nach Packungsanleitung – aber mit Joghurt und Maracujanektar – zubereiten. Die Masse auf den Boden im Springformrand geben und glatt streichen. Zweiten Boden nicht wie auf der Packung angegeben in 16 Stücke schneiden, sondern ganz auf die Füllung legen und andrücken.

3 Den Guss aus Tortengusspulver nach Packungsanleitung mit Maracujanektar und Wasser herstellen und auf den oberen Boden gießen.

4 Torte etwa 3 Stunden kalt stellen. Vor dem Servieren Springformrand oder Tortenring mit einem Messer lösen.

5 Aus der dritten Biskuitlage beliebige Motive (Herzen, Sterne) ausstechen, mit dem Dekorzucker aus der Packung bestäuben und auf die Tortenoberfläche legen.

Variante:
Sie können auch selbst einen Biskuitboden herstellen. Dazu 4 Eier (Größe M) und 3 Esslöffel heißes Wasser mit Handrührgerät mit Rührbesen auf höchster Stufe in 1 Minute schaumig schlagen. 150 g Zucker und 1 Päckchen Vanillin-Zucker mischen, in 1 Minute einstreuen, dann noch etwa 2 Minuten schlagen. 100 g Mehl mit 100 g Speisestärke und 2 gestrichenen Teelöffeln Backpulver mischen, die Hälfte davon auf die Eiercreme sieben, kurz auf niedrigster Stufe unterrühren, den Rest des Mehlgemisches auf dieselbe Art unterarbeiten. Den Teig in eine Springform (Ø 26 cm, Boden gefettet, mit Backpapier belegt) füllen, sofort bei 180–200 °C (Ober /Unterhitze, vorgeheizt) oder Stufe 3–4 (Gas, vorgeheizt) 20–30 Minuten backen. Nach dem Backen den Biskuitboden aus der Form lösen, auf einem Kuchenrost erkalten lassen und zweimal waagerecht durchschneiden.

Rote-Grütze-Torte

Zubereitungszeit: 20 Min., ohne Kühlzeit

Insgesamt:
E: 34 g, F: 381 g, Kh: 288 g, kJ: 20312, kcal: 4853

Für den Boden:
- **150 g Löffelbiskuits**
- **120 g Butter**

Für die Creme:
- **400 g Schmand (Sauerrahm)**
- **150 g Gelierzucker (1:1-Produkt)**
- **500 ml (1/2 l) Schlagsahne**
- **Saft von 1 Zitrone**

Für den Belag:
- **1 Becher (500 g) Rote Grütze**
- **1 Pck. Tortenguss, klar**
- **2 EL Wasser**

1 Für den Boden Löffelbiskuits in einen Gefrierbeutel geben, den Beutel verschließen, die Löffelbiskuits mit einer Teigrolle zerdrücken und in eine Schüssel geben.

2 Butter zerlassen, zu den Löffelbiskuitbröseln geben und gut verrühren. Einen Springformrand oder Tortenring (Ø 26 cm, evtl. mit Backpapier ausgekleidet) auf eine Tortenplatte stellen. Die Masse auf die Tortenplatte geben und mit einem feuchten Löffelrücken zu einem Boden andrücken.

3 Für die Creme Schmand mit Gelierzucker gut verrühren. Die Sahne sehr steif schlagen und mit dem Zitronensaft unterheben. Die Creme auf den Boden füllen und glatt streichen. Die Torte einige Stunden in den Kühlschrank stellen (am besten über Nacht).

4 Für den Belag die Rote Grütze in einen Topf geben. Den Tortenguss mit Wasser verrühren, in die Grütze geben und einmal aufkochen lassen. Die Grützemasse etwas abkühlen lassen, dann auf die Torte geben und glatt streichen. Die Torte kalt stellen, bis die Grützemasse erkaltet ist.

Abwandlung:
Die Torte nur mit der Creme zubereiten und die Rote Grütze erst kurz vorm Servieren unangedickt darüber verteilen.

Tipp (Foto):
Die Torte schmeckt auch sehr lecker mit einem gebackenen Boden. Dazu 100 g Weizenmehl und 1/2 Päckchen Backpulver mischen und in eine Rührschüssel sieben. 75 g Zucker, 1 Päckchen Vanillin-Zucker, 3 Eier (Größe M), 2 Esslöffel neutrales Speiseöl und 1 Esslöffel Essig dazugeben. Die Zutaten mit Handrührgerät mit Rührbesen in etwa 1 Minute zu einem glatten Teig verarbeiten. Den Teig in eine Springform (Ø 26 cm, Boden gefettet, mit Backpapier belegt) füllen, glatt streichen und bei etwa 200 °C (Heißluft: etwa 180 °C, Gas: Stufe 3–4) 15–20 Minuten backen.

Philadelphiatorte mit Kirschen

Zubereitungszeit: 40 Min., ohne Kühlzeit

Insgesamt:
E: 48 g, F: 247 g, Kh: 361 g, kJ: 16924, kcal: 4042

Für den Boden:

- **125 g Löffelbiskuits**
- **100 g Butter**

Für die Füllung:

- **1 Glas Sauerkirschen (Abtropfgewicht 370 g)**
- **150 ml Kirschsaft**
- **2 EL Kirschwasser**
- **50 g Zucker**
- **25 g Speisestärke**

Für den Belag:

- **4 Blatt weiße Gelatine**
- **200 g Philadelphia Doppelrahm-Frischkäse**
- **75 g Zucker**
- **50 ml Milch**
- **200 ml Schlagsahne**

Für den Guss:

- **2 Blatt weiße Gelatine**
- **100 ml Kirschsaft**
- **1 EL Kirschwasser**
- **50 g Zucker**

Zum Verzieren:

- **100 ml Schlagsahne**
- **1 EL Kirschwasser**

1 Für den Boden Löffelbiskuits in einen Gefrierbeutel geben, den Beutel verschließen, die Löffelbiskuits mit einer Teigrolle zerdrücken und in eine Schüssel geben.

2 Butter zerlassen, zu den Bröseln geben und gut verrühren. Die Masse gleichmäßig in einer Springform (Ø 26 cm, Boden gefettet, mit Backpapier belegt) verteilen und gut andrücken.

3 Für die Füllung Sauerkirschen auf einem Sieb abtropfen lassen, dabei den Saft auffangen und 150 ml für die Füllung und 100 ml für den Guss abmessen.

4 Den Kirschsaft mit Kirschwasser und Zucker mischen. 3 Esslöffel davon abnehmen und die Speisestärke damit anrühren, den restlichen Saft zum Kochen bringen. Die angerührte Speisestärke unterrühren und einmal aufkochen lassen. Die Kirschen unterrühren, die Masse auf den Boden geben und glatt streichen.

5 Für den Belag die Gelatine nach Packungsaufschrift einweichen. Den Frischkäse mit Zucker und Milch verrühren. Gelatine ausdrücken, auflösen und unterrühren. Die Sahne steif schlagen und unterheben. Die Frischkäse-Sahne-Masse auf die Kirschmasse geben und glatt streichen. Die Torte 2 Stunden kalt stellen.

6 Für den Guss die Gelatine nach Packungsaufschrift einweichen, ausdrücken und auflösen. Mit Kirschsaft, Kirschwasser und Zucker verrühren und vorsichtig auf den Belag gießen. Die Torte etwa 1 Stunde kalt stellen.

7 Vor dem Servieren die Torte aus der Springform lösen und auf eine Tortenplatte geben. Sahne steif schlagen, Kirschwasser unterrühren, in einen Spritzbeutel mit kleiner Lochtülle füllen und die Torte damit verzieren.

Tipp:
Für eine Torte ohne Alkohol kann das Kirschwasser ersatzlos weggelassen werden.

Kuchen-versuchungen

Mit peppigen neuen Rezepten treten wir den Beweis an, dass Kuchen keinesfalls trocken sein müssen.

Coca-Cola Kuchen

* Rezept nicht durch Coca-Cola autorisiert.

Zubereitungszeit: 40 Min.
Backzeit: 25–30 Min.

Insgesamt:
E: 48 g, F: 212 g, Kh: 750 g, kJ: 21654, kcal: 5171

Für den All-in-Teig:
- **150 g Weizenmehl**
- **1 gestr. TL Backpulver**
- **200 g Zucker**
- **100 g weiche Butter oder Margarine**
- **2 EL Kakaopulver**
- **75 ml Coca-Cola**
- **75 ml Buttermilch**
- **2 Eier (Größe M)**
- **1/2 Fläschchen Butter-Vanille-Aroma**

Für den Guss:
- **50 g Butter**
- **1 1/2 EL Kakaopulver**
- **100 ml Coca-Cola**
- **400 g gesiebter Puderzucker**

- **100 g Pecannusskerne**

1 Für den All-in-Teig Mehl und Backpulver mischen, in eine Rührschüssel sieben, übrige Zutaten dazugeben und in 2 Minuten mit Handrührgerät mit Rührbesen zu einem glatten Teig verarbeiten.

2 Einen Backrand (20 x 20 cm) auf ein mit Backpapier belegtes Backblech stellen, den Teig hineingeben und glatt streichen. Das Backblech in den Backofen schieben.

Ober-/Unterhitze:
etwa 180 °C (vorgeheizt)
Heißluft: etwa 160 °C (vorgeheizt)
Gas: Stufe 2–3 (vorgeheizt)
Backzeit: 25–30 Min.

3 Backrand und -papier entfernen, Kuchen auf einen Kuchenrost legen, sofort den Guss zubereiten.

4 Für den Guss Butter, Kakao und Coca-Cola zum Kochen bringen, kurz einkochen lassen, den Topf von der Kochstelle nehmen. Puderzucker unterrühren.

5 Den heißen Guss auf den warmen Kuchen geben und mit gehackten Pecannüssen bestreuen.

Blondes Blech

Zubereitungszeit: 40 Min.

Insgesamt:
E: 127 g, F: 633 g, Kh: 680 g, kJ: 39062, kcal: 9328

Für den Rührteig:

- **200 g Butter oder Margarine**
- **200 g Zucker**
- **1 Pck. Vanillin-Zucker**
- **1 Beutel Jamaica Rum-Aroma**
- **1 Prise Salz**
- **8 Eigelb (Größe M)**
- **50 g gehackte Haselnusskerne**
- **300 g gemahlene Haselnusskerne**
- **1 gestr. TL Backpulver**
- **100 g Zartbitterschokolade**
- **8 Eiweiß (Größe M)**

Für den Belag:

- **1 Glas Wildpreiselbeer-konfitüre (Füllgewicht 440 g)**
- **500–600 ml Schlagsahne**
- **1 Pck. Vanillin-Zucker**
- **2 Pck. Sahnesteif**
- **100 ml Eierlikör**
- **1 Pck. Dessertsauce Vanille-Geschmack (ohne Kochen)**

1 Für den Teig Butter oder Margarine mit Handrührgerät mit Rührbesen auf höchster Stufe geschmeidig rühren, nach und nach Zucker und Vanillin-Zucker unterrühren, so lange rühren, bis eine gebundene Masse entstanden ist. Rum-Aroma und Salz unterrühren.

2 Eigelb nacheinander (jedes Eigelb knapp 1/2 Minute) unterrühren. Haselnüsse mit dem Backpulver mischen, zusammen mit der geraspelten Schokolade portionsweise unter den Teig rühren.

3 Eiweiß steif schlagen, unterheben. Teig auf ein gefettetes Backblech (30 x 40 cm) streichen, in den Backofen schieben.

Ober-/Unterhitze:
etwa 180 °C (vorgeheizt)
Heißluft: etwa 160 °C
(nicht vorgeheizt)
Gas: etwa Stufe 3 (vorgeheizt)
Backzeit: etwa 30 Min.

4 Für den Belag nach dem Backen sofort die Preiselbeerkonfitüre auf dem heißen Boden verstreichen. Das Backblech auf einen Kuchenrost stellen, den Kuchen erkalten lassen.

5 Sahne mit Vanillin-Zucker und Sahnesteif steif schlagen. Sahne auf den Kuchen streichen und mit einem Teelöffel Spitzen ziehen. Eierlikör mit Dessertsaucenpulver kurz verrühren und diagonal über den Kuchen sprenkeln.

Abwandlung:

Der Kuchen schmeckt auch sehr gut mit frischen Himbeeren.

Tipp:

Der Boden kann sehr gut am Vortag zubereitet werden und ohne Eierlikör auch eingefroren werden.

Rotweinkuchen

Foto
Zubereitungszeit: 25 Min.
Backzeit: 60–70 Min.

Insgesamt:
E: 91 g, F: 337 g, Kh: 399 g, kJ: 22421, kcal: 5357

- **250 g weiche Butter oder Margarine**
- **125 g Zucker**
- **1 Pck. Vanillin-Zucker**
- **4 Eier (Größe M)**
- **2 EL Rum**
- **250 g Weizenmehl**
- **1/2 Pck. Backpulver**
- **3 TL Kakaopulver**
- **1 TL gemahlener Zimt**
- **150 g Schokoladenraspel**
- **100 g abgezogene, gehobelte Mandeln**
- **125 ml (1/8 l) Rotwein**

1 Butter mit Handrührgerät mit Rührbesen auf höchster Stufe geschmeidig rühren. Nach und nach Zucker und Vanillin-Zucker unterrühren, so lange rühren, bis eine gebundene Masse entstanden ist. Eier nach und nach unterrühren (jedes Ei etwa 1/2 Minute). Rum hinzufügen.

2 Mehl mit Backpulver, Kakao und Zimt mischen, sieben und auf mittlerer Stufe portionsweise abwechselnd mit Schokoladenraspeln und Mandeln unterrühren.

3 Rotwein auf mittlerer Stufe unterrühren und den Teig in eine gefettete Kastenform (30 x 11 cm) füllen. Die Form auf dem Rost in den Backofen schieben.

Ober-/Unterhitze:
etwa 180 °C (vorgeheizt)
Heißluft: etwa 160 °C
(nicht vorgeheizt)
Gas: Stufe 2–3 (nicht vorgeheizt)
Backzeit: 60–70 Min.

4 Den Kuchen aus der Form lösen und auf einem Kuchenrost erkalten lassen.

Eierlikörkuchen

Zubereitungszeit: 15 Min.
Backzeit: etwa 60 Min.

Insgesamt:
E: 64 g, F: 296 g, Kh: 575 g, kJ: 24011, kcal: 5733

- **5 Eier (Größe M)**
- **250 g gesiebter Puderzucker**
- **2 Pck. Vanillin-Zucker**
- **250 ml (1/4 l) Speiseöl**
- **250 ml (1/4 l) Eierlikör**
- **125 g Weizenmehl**
- **125 g Speisestärke**
- **4 gestr. TL Backpulver**

- **40 g gesiebter Puderzucker**

1 Eier, Puderzucker und Vanillin-Zucker mit Handrührgerät mit Rührbesen auf höchster Stufe in 1 Minute schaumig rühren. Öl und Eierlikör unterrühren.

2 Mehl mit Speisestärke und Backpulver mischen, sieben und portionsweise auf mittlerer Stufe unterrühren. Den Teig in eine gefettete, mit Mehl ausgestreute Napfkuchenform (Ø 24 cm) füllen. Die Form sofort auf dem Rost in den Backofen schieben.

Ober-/Unterhitze:
etwa 180 °C (vorgeheizt)
Heißluft: etwa 160 °C
(nicht vorgeheizt)
Gas: Stufe 2–3 (nicht vorgeheizt)
Backzeit: etwa 60 Min.

3 Den Kuchen etwa 10 Minuten in der Form stehen lassen, auf einen Kuchenrost stürzen und erkalten lassen. Den erkalteten Kuchen mit Puderzucker bestäuben.

Bounty-Kuchen

Zubereitungszeit: 25 Min.
Backzeit: etwa 60 Min.

Insgesamt:
E: 100 g, F: 386 g, Kh: 626 g, kJ: 27510, kcal: 6581

Für den Rührteig:

- **250 g weiche Butter oder Margarine**
- **200 g Zucker**
- **1 Pck. Vanillin-Zucker**
- **1 Prise Salz**
- **5 Eier (Größe M)**
- **375 g Weizenmehl**
- **3 gestr. TL Backpulver**
- **6 EL Milch**

Für die Füllung:

- **10 Riegel Bounty (à 30 g)**

Für den Guss:

- **100 g Zartbitterschokolade**
- **20 g Kokosfett**
- **75–100 g Kokosraspel**

1 Für den Rührteig Butter oder Margarine mit Handrührgerät mit Rührbesen auf höchster Stufe geschmeidig rühren. Nach und nach Zucker, Vanillin-Zucker und Salz unterrühren, so lange rühren, bis eine gebundene Masse entstanden ist. Eier nach und nach unterrühren (jedes Ei etwa ½ Minute).

2 Mehl mit Backpulver mischen, sieben und abwechselnd portionsweise mit Milch auf mittlerer Stufe unterrühren. Die Hälfte des Teiges in eine gefettete, mit Backpapier ausgelegte Kastenform (35 x 11 cm) füllen.

3 Für die Füllung die Bounty darauf verteilen und mit dem restlichen Teig bestreichen. Die Form auf dem Rost in den Backofen schieben.

Ober-/Unterhitze:
etwa 180 °C (vorgeheizt)
Heißluft: etwa 160 °C (nicht vorgeheizt)
Gas: Stufe 2–3 (nicht vorgeheizt)
Backzeit: etwa 60 Min.

4 Kuchen aus der Form nehmen, Backpapier abziehen und den Kuchen auf einem Kuchenrost erkalten lassen.

5 Für den Guss Schokolade mit Kokosfett in einem Topf im Wasserbad zu geschmeidiger Masse verrühren, den Kuchen überziehen und mit Kokosraspeln bestreuen.

Tipp:
Nach Belieben zusätzlich den Saft von 2 Orangen (etwa 200 ml) unter den Teig rühren.

Russischer Zupfkuchen vom Blech

Zubereitungszeit: 40 Min.

Insgesamt:
E: 236 g, F: 565 g, Kh: 967 g, kJ: 42757, kcal: 10213

Für den Knetteig:

- **425 g Weizenmehl**
- **40 g Kakaopulver**
- **3 gestr. TL Backpulver**
- **200 g Zucker**
- **2 Pck. Vanillin-Zucker**
- **2 Eier (Größe M)**
- **250 g Butter oder Margarine**

Für die Füllung:

- **1 kg Magerquark**
- **250 g Zucker**
- **2 Pck. Vanillin-Zucker**
- **2 Pck. Pudding-Pulver Vanille-Geschmack**
- **4 Eier (Größe M)**
- **375 g zerlassene, abgekühlte Butter oder Margarine**

1 Für den Teig Mehl mit Kakao und Backpulver mischen und in eine Rührschüssel sieben. Zucker, Vanillin-Zucker, Eier und Butter oder Margarine hinzufügen. Die Zutaten mit Handrührgerät mit Knethaken zunächst kurz auf niedrigster, dann auf höchster Stufe gut durcharbeiten.

2 Anschließend auf der bemehlten Arbeitsfläche zu einem glatten Teig verkneten. 2/3 des Teiges auf einem gefetteten Backblech (30 x 40 cm) ausrollen. Einen Backrahmen darumstellen.

3 Für die Füllung Quark, Zucker, Vanillin-Zucker, Pudding-Pulver und Eier mit Handrührgerät mit Rührbesen verrühren. Das Fett unterrühren, alles zu einer einheitlichen Masse verrühren, auf dem Teig verteilen und glatt streichen.

4 Den restlichen Teig in kleine Stücke zupfen und auf der Füllung verteilen. Das Backblech in den Backofen schieben.

Ober-/Unterhitze:
etwa 180 °C (vorgeheizt)
Heißluft: etwa 160 °C
(nicht vorgeheizt)
Gas: Stufe 2–3 (nicht vorgeheizt)
Backzeit: etwa 45 Min.

5 Das Backblech auf einen Kuchenrost stellen, den Kuchen erkalten lassen. Den Backrahmen mit Hilfe eines Messers vorsichtig lösen und entfernen.

Abwandlung:
Fruchtiger wird das Gebäck mit einer dünnen Schicht Preiselbeeren auf dem Boden.

Spanische Vanilleschnitten

Zubereitungszeit: 60 Min., ohne Kühlzeit

Insgesamt:
E: 124 g, F: 357 g, Kh: 692 g, kJ: 28880, kcal: 6898

Für den Rührteig:

- **300 g Marzipan-Rohmasse**
- **75 g Butter**
- **75 g Zucker**
- **Mark von 1 ausgekratzten Vanilleschote**
- **8 Eigelb (Größe M)**
- **8 Eiweiß (Größe M)**
- **75 g Zucker**
- **1 Prise Salz**
- **75 g Weizenmehl**
- **75 g Speisestärke**
- **1 gestr. TL Backpulver**
- **2 EL Schokoladen-Raspel**

Für die Canachecreme:

- **300 g Halbbitterkuvertüre**
- **150 g Butter**
- **60 g gesiebter Puderzucker**
- **75 ml weißer Rum**

- **1 EL kandierte Kirschen**

1 Für den Teig Marzipan-Rohmasse, Butter, Zucker und Vanillemark mit Handrührgerät mit Rührbesen auf höchster Stufe in einer großen Rührschüssel geschmeidig rühren. Nach und nach Eigelb unterrühren (jedes Eigelb knapp 1/2 Minute).

2 Eiweiß, Zucker und Salz steif schlagen und auf die Eigelbmasse geben. Darüber das mit Speisestärke und Backpulver gemischte Mehl sieben. Auf mittlerer Stufe unterrühren.

3 Einen Backrahmen auf ein mit Backpapier belegtes Backblech (30 x 40 cm) stellen. Den Teig hineinfüllen, glatt streichen, mit Schokoladen-Raspeln bestreuen. Das Backblech in den Backofen schieben.

Ober-/Unterhitze:
etwa 180 °C (vorgeheizt)
Heißluft: etwa 160 °C (nicht vorgeheizt)
Gas: Stufe 2–3 (nicht vorgeheizt)
Backzeit: 35–40 Min.

4 Das Gebäck nach dem Backen mit Hilfe eines Messers vom Backrahmen lösen, entfernen. Gebäck auf einen mit Backpapier belegten Kuchenrost stürzen, das mitgebackene Papier abziehen. Das Gebäck erkalten lassen, einmal waagerecht durchschneiden.

5 Für die Canachecreme die Kuvertüre grob hacken, in einem kleinen Topf im Wasserbad bei schwacher Hitze zu einer geschmeidigen Masse verrühren. Die Kuvertüre während des Abkühlens gelegentlich umrühren, bis sie dickflüssig ist. Die Butter mit Handrührgerät mit Rührbesen geschmeidig rühren. Puderzucker, Rum und Kuvertüre unterrühren.

6 Die Creme etwa 1 Stunde kühl stellen, nochmals kurz aufschlagen. Den unteren Boden mit der Hälfte der Creme bestreichen. Den oberen Boden darauf legen.

7 Die restliche Creme in einen Spritzbeutel füllen, auf den in Schnitten eingeteilten Kuchen spritzen. Mit Kirschen garnieren. Kalt stellen.

Abwandlung:
Die Schnitten statt mit kandierten Kirschen mit Schoko-Ornamenten garnieren.

Tipp:
Können 1–2 Tage vor dem Verzehr zubereitet werden. Gut gekühlt servieren. Die Vanilleschnitten lassen sich gut einfrieren.

Cefrisch-Kuchen mit Schmand

Zubereitungszeit: 55 Min., ohne Zeit zum Festwerden

Insgesamt:
E: 104 g, F: 457 g, Kh: 725 g, kJ: 31800, kcal: 7602

Für den Biskuitteig:
- **4 Eier (Größe M)**
- **2 EL heißes Wasser**
- **125 g Zucker**
- **1 Pck. Vanillin-Zucker**
- **125 g Weizenmehl**
- **25 g Speisestärke**
- **1 TL Backpulver**

Für den Belag:
- **3 geh. EL Orangenmarmelade**
- **2 EL Wasser**
- **10 Blatt weiße Gelatine**
- **600 ml Schlagsahne**
- **800 g Schmand**
- **75–125 g Zucker**
- **100 g Cefrisch-Pulver Orangen-Geschmack**
- **2 Dosen Cocktailfrüchte (je 400 g)**
- **6 Blatt weiße Gelatine**
- **500 ml (1/2 l) Fruchtsaft**

1 Für den Teig Eier und Wasser mit Handrührgerät mit Rührbesen auf höchster Stufe in 1 Minute schaumig schlagen.

2 Zucker mit Vanillin-Zucker mischen, in 1 Minute einstreuen, dann noch etwa 2 Minuten schlagen.

3 Mehl mit Speisestärke und Backpulver mischen, die Hälfte davon auf die Eiercreme sieben und kurz auf niedrigster Stufe unterrühren. Den Rest des Mehl-Gemisches auf die gleiche Weise unterarbeiten. Einen Backrahmen auf ein gefettetes, bemehltes Backblech (30 x 40 cm) stellen, den Teig auf das Backblech streichen. Das Backblech sofort in den Backofen schieben und backen.

Ober-/Unterhitze:
etwa 200 °C (vorgeheizt)
Heißluft: etwa 180 °C (vorgeheizt)
Gas: Stufe 3–4 (vorgeheizt)
Backzeit: etwa 12 Min.

4 Das Backblech auf einen Kuchenrost stellen und den Boden etwas abkühlen lassen.

5 Für den Belag Orangenmarmelade nach Belieben durch ein Sieb streichen, mit Wasser aufkochen und auf den vorgebackenen Boden streichen.

6 Gelatine nach Packungsanleitung einweichen. Die Sahne steif schlagen. Den Schmand mit Zucker und Cefrisch verrühren.

7 Die Gelatine ausdrücken, auflösen. Erst etwas von der Schmandmasse unter die Gelatine heben, dann alles unter die Schmandmasse heben. Sahne unterheben. Die Masse auf dem Boden verteilen und fest werden lassen.

8 Die Cocktailfrüchte auf einem Sieb abtropfen lassen, den Saft dabei auffangen und 500 ml (1/2 l) abmessen. Die Früchte auf der festgewordenen Masse verteilen.

9 Gelatine nach Packungsanleitung einweichen, ausdrücken und auflösen. Den Saft mit der Gelatine verrühren, etwas stehen lassen. Wenn der Saft anfängt dicklich zu werden, auf den Früchten verteilen und fest werden lassen. Den Backrahmen vorsichtig mit Hilfe eines Messers lösen und entfernen.

Tipp:
Der Fruchtsaft kann auch anstelle von Gelatine mit 2 Päckchen Tortenguss klar angedickt werden. Mini-Äpfel aus der Dose abtropfen lassen, in verschlagenes Eiweiß tauchen, in Zucker oder Hagelzucker wenden und den Kuchen damit garnieren.

Ameisenkuchen vom Blech

Zubereitungszeit: 25 Min.
Backzeit: 15–20 Min.

Insgesamt:
E: 110 g, F: 423 g, Kh: 829 g, kJ: 34323, kcal: 8198

Für den Rührteig:
- **300 g Butter**
- **300 g Zucker**
- **2 Pck. Vanillin-Zucker**
- **4 Eier (Größe M)**
- **300 g Weizenmehl**
- **3 gestr. TL Backpulver**
- **300 ml Eierlikör**
- **150 g Zartbitter-Schokostreusel**

Für den Guss:
- **200 g weiße Kuvertüre**
- **10 g Kokosfett**

- **Vollmilch- und Zartbitter-Schokostreusel**

1 Für den Rührteig Butter mit Handrührgerät mit Rührbesen auf höchster Stufe geschmeidig rühren. Nach und nach Zucker und Vanillin-Zucker unterrühren, so lange rühren, bis eine gebundene Masse entstanden ist. Eier nach und nach unterrühren (jedes Ei etwa 1/2 Minute).

2 Mehl mit Backpulver mischen, sieben und portionsweise auf mittlerer Stufe unterrühren. Eierlikör und Schokostreusel unterrühren. Den Teig auf ein mit Backpapier belegtes Backblech streichen (30 x 40 cm).

3 An der offenen Seite des Backblechs das Papier unmittelbar vor dem Teig zur Falte knicken, so dass ein Rand entsteht. Das Backblech in den Backofen schieben.

Ober-/Unterhitze:
etwa 180 °C (vorgeheizt)
Heißluft: etwa 160 °C (vorgeheizt)
Gas: Stufe 2–3 (vorgeheizt)
Backzeit: 15–20 Min.

4 Den Kuchen auf dem Blech erkalten lassen.

5 Für den Guss Kuvertüre grob zerkleinern und mit dem Kokosfett in einem kleinen Topf im Wasserbad bei schwacher Hitze zu einer geschmeidigen Masse verrühren.

6 Den erkalteten Kuchen mit gut 2/3 von dem Guss bestreichen. Den restlichen Guss auf einer Platte ausgießen, fest werden lassen und zu Locken schaben. Den Kuchen mit Kuvertürelocken und mit Schokostreuseln garnieren.

Tipp:
Sie können den Ameisenkuchen auch in einer Springform (Ø 26 cm) backen. Dazu einfach die Zutatenmengen halbieren und den Kuchen bei der oben angegebenen Temperatur etwa 40 Minuten backen.

Anna

Kuh-Kuchen

Zubereitungszeit: 25 Min.
Backzeit: etwa 20 Min.

Insgesamt:
E: 46 g, F: 147 g, Kh: 529 g, kJ: 15559, kcal: 3694

Für den Teig:
- **1 Pck. (400 g) Backmischung Marmorkuchen**
- **125 g weiche Butter oder Margarine**
- **3 Eier (Größe M)**
- **50 ml Milch**
- **1 EL Milch für den dunklen Teig**

Für die Cremefüllung:
- **250 ml (1/4 l) Milch**
- **250 ml (1/4 l) Schlagsahne**
- **200 g Sahne Muh-Muhs (Milch-Toffee)**
- **1 Pck. Pudding-Pulver Vanille-Geschmack**
- **3 Blatt weiße Gelatine**

1 Für den Teig die Backmischung aus Butter oder Margarine, Eiern und Milch nach Packungsanleitung zubereiten. 2/3 des Teiges auf ein gefettetes, mit Backpapier belegtes Backblech (30 x 40 cm) streichen. Unter den restlichen Teig das Kakaopulver (ist in der Packung) und die Milch rühren. Den dunklen Teig mit Hilfe eines Esslöffels kuhfleckenartig auf dem hellen Teig verteilen.

Ober-/Unterhitze:
etwa 180 °C (vorgeheizt)
Heißluft: etwa 160 °C (vorgeheizt)
Gas: Stufe 2–3 (vorgeheizt)
Backzeit: etwa 20 Min.

2 Die Gebäckplatte auf dem Backblech auf einem Kuchenrost erkalten lassen.

3 Für die Cremefüllung von der Milch 4 Esslöffel abnehmen und Puddingpulver damit anrühren. Die restliche Milch mit der Sahne zum Kochen bringen. Die Sahne Muh-Muhs grob hacken, unter Rühren in die Milch geben und so lange rühren, bis sich die Bonbons vollständig aufgelöst haben.

4 Das angerührte Pudding-Pulver in die heiße Milch-Bonbon-Masse rühren. Unter Rühren nochmals aufkochen lassen. Gelatine nach Packungsanleitung in Wasser einweichen, ausdrücken und in den noch heißen Pudding einrühren.

5 Die Gebäckplatte senkrecht halbieren. Eine Hälfte davon mit der glatten Seite nach unten in einen Backrand (20 x 30 cm) legen, den heißen Pudding einfüllen und verstreichen. Zweite Gebäckhälfte mit der glatten Seite nach oben darauf legen, leicht andrücken. Gebäck erkalten lassen, Backrahmen entfernen und in beliebig große Stücke schneiden.

Variante:
Sie können den Marmorkuchen nach folgendem Rezept auch selbst backen: 200 g weiche Butter oder Margarine mit Handrührgerät mit Rührbesen auf höchster Stufe geschmeidig rühren, nach und nach 175 g Zucker, 1 Päckchen Vanillin-Zucker und 1 Prise Salz unterrühren und so lange rühren, bis eine gebundene Masse entstanden ist. 3 Eier (Größe M) nach und nach unterrühren (jedes Ei etwa 1/2 Minute). 250 g Mehl mit 2 gestrichenen Teelöffeln Backpulver mischen, sieben und abwechselnd esslöffelweise mit 1–2 Esslöffeln Milch auf mittlerer Stufe unterrühren (nur so viel Milch verwenden, dass der Teig schwer reißend von einem Löffel fällt). Hellen Teig auf das vorbereitete Backblech geben. Für den dunklen Teig 10 g Kakaopulver sieben, mit 1–2 Esslöffeln Milch unter den Rest des Teiges rühren, so dass er wieder schwer reißend vom Löffel fällt. Den dunklen Teig kuhfleckenartig auf dem hellen Teig verteilen und wie oben angegeben backen.

Fliesenkuchen

Zubereitungszeit: 50 Min.

Insgesamt:
E: 112 g, F: 464 g, Kh: 746 g, kJ: 32759, kcal: 7827

Für den Rührteig:

- **150 g Butter oder Margarine**
- **150 g Zucker**
- **1 Pck. Vanillin-Zucker**
- **1 Prise Salz**
- **3 Eier (Größe M)**
- **200 g Weizenmehl**
- **2 gestr. TL Backpulver**

Für die Puddingcreme:

- **2 Eier (Größe M)**
- **2 Pck. Pudding-Pulver Vanille-Geschmack**
- **50 g Zucker**
- **500 ml (1/2 l) Milch**
- **250 ml (1/4 l) Schlagsahne**
- **600 ml Schlagsahne**
- **4–5 EL Zitronensaft**
- **3 Pck. Vanillin-Zucker**
- **3 Pck. Sahnesteif**
- **etwa 30 Butterkekse**

Für den Guss:

- **100 g gesiebter Puderzucker**
- **1 EL Wasser oder Zitronensaft**

1 Für den Teig Butter oder Margarine mit Handrührgerät mit Rührbesen auf höchster Stufe geschmeidig rühren. Nach und nach Zucker, Vanillin-Zucker und Salz unterrühren, so lange rühren, bis eine gebundene Masse entstanden ist.

2 Die Eier nach und nach unterrühren (jedes Ei etwa 1/2 Minute). Mehl und Backpulver mischen, sieben und portionsweise auf mittlerer Stufe unterrühren. Einen Backrahmen auf ein gefettetes Backblech (30 x 40 cm) stellen, den Teig auf das Backblech streichen. Das Backblech in den Backofen schieben.

Ober-/Unterhitze:
etwa 180 °C (vorgeheizt)
Heißluft: etwa 160 °C (vorgeheizt)
Gas: Stufe 2–3 (vorgeheizt)
Backzeit: etwa 20 Minuten.

3 Die Eier trennen. Für die Puddingcreme Pudding-Pulver mit Zucker mischen und mit etwas Milch und dem Eigelb anrühren. Die übrige Milch mit der Sahne zum Kochen bringen. Das angerührte Pudding-Pulver hinzufügen und unter Rühren zum Kochen bringen, gut aufkochen lassen.

4 Das Eiweiß steif schlagen und sofort unterheben. Die Puddingcreme auf dem noch warmen Kuchen verteilen und auf einen Kuchenrost stellen, erkalten lassen.

5 Die Sahne kurz anschlagen, dann Zitronensaft, Vanillin-Zucker und Sahnesteif unterrühren und die Sahne ganz steif schlagen. Auf der Puddingcreme verteilen, glatt streichen und mit Butterkeksen belegen.

6 Für den Guss Puderzucker mit Wasser oder Zitronensaft verrühren. Kekse in der Mitte mit Guss bestreichen.

Tipp:
Maximal 1 Tag vor dem Verzehr zubereiten. Der Kuchen muss eine Weile stehen, damit die Butterkekse weich werden. Anstelle des Zuckergusses kann auch aufgelöste Schokolade auf den Butterkeksen verteilt werden.

Schoko-Keks-Schnitten

Zubereitungszeit: 50 Min., ohne Festwerden des Puddings

Insgesamt:
E: 123 g, F: 453 g, Kh: 870 g, kJ: 34821, kcal: 8322

Für den All-in-Teig:
- **150 g Weizenmehl**
- **1 Pck. Backpulver**
- **125 g Zucker**
- **1 Pck. Vanillin-Zucker**
- **5 Eier (Größe M)**
- **4 EL Speiseöl**
- **2 EL Essig**

Für den Belag:
- **2 Dosen Mandarinen (Abtropfgewicht je 420 g)**
- **375 ml (3/8 l) Mandarinensaft**
- **4 Blatt weiße Gelatine**
- **2 Pck. Pudding-Pulver Vanille-Geschmack**
- **100 g Zucker**
- **500 ml (1/2 l) Milch**

- **1 l Schlagsahne**
- **3 Pck. Vanillin-Zucker**
- **3 Pck. Sahnesteif**
- **2–3 EL Zitronensaft**
- **36 Butterkekse mit Schokoladenguss**

1 Für den Teig Mehl, Backpulver, Zucker, Vanillin-Zucker, Eier, Öl und Essig in eine Rührschüssel geben, mit Handrührgerät mit Rührbesen alles in 1 Minute schaumig schlagen.

2 Backrahmen auf ein gefettetes Backblech (30 x 40 cm) stellen, den Teig auf das Backblech streichen. Backblech in den Backofen schieben.

Ober-/Unterhitze:
etwa 180 °C (vorgeheizt)
Heißluft: etwa 160 °C (vorgeheizt)
Gas: Stufe 2–3 (vorgeheizt)
Backzeit: etwa 15 Min.

3 Das Backblech auf einen Kuchenrost stellen, den Boden erkalten lassen.

4 Für den Belag Mandarinen auf ein Sieb geben, abtropfen lassen, Saft auffangen, 375 ml (3/8 l) davon abmessen, evtl. mit Wasser ergänzen. Gelatine nach Packungsanleitung einweichen. Pudding-Pulver mit Zucker und Saft anrühren, Milch hinzugeben, alles unter Rühren zum Kochen bringen, gut aufkochen lassen. Die eingeweichte, ausgedrückte Gelatine unterrühren.

5 Die Mandarinen auf dem Boden verteilen (einige zum Garnieren zurücklassen). Den Pudding lauwarm darüber geben, glatt streichen, kalt stellen.

6 Sahne mit Vanillin-Zucker, Sahnesteif und Zitronensaft steif schlagen, etwa die Hälfte auf der Puddingmasse verstreichen (den Rest zum Verzieren zurücklassen). Butterkekse mit der Schokoladenseite nach oben darauf verteilen. Belag 2–3 Stunden fest werden lassen. Mit Sahne und Mandarinen garnieren. Backrahmen vorsichtig mit Hilfe eines Messers lösen und entfernen.

Schoko-Birnen-Kuchen mit Schmand

Zubereitungszeit: 40 Min.

Insgesamt:
E: 87 g, F: 532 g, Kh: 656 g, kJ: 33478, kcal: 8003

Für den All-in-Teig:

- **150 g Weizenmehl**
- **50 g Speisestärke**
- **15 g Kakaopulver**
- **4 gestr. TL Backpulver**
- **200 g Zucker**
- **1 Pck. Vanillin-Zucker**
- **1 Prise Salz**
- **4 Eier (Größe M)**
- **200 g weiche Butter oder Margarine**
- **100 g Schokoladen-Raspel**

- **2 Dosen Birnen (je 460 g Abtropfgewicht)**

Für den Belag:

- **400–500 ml Schlagsahne**
- **30 g gesiebter Puderzucker**
- **2 Pck. Vanillin-Zucker**
- **4 Pck. Sahnesteif**
- **600 g Schmand**
- **50 ml Birnensaft**

Zum Verzieren und Garnieren:

- **Puderzucker**
- **Kakaopulver**
- **Schokoladenornamente**

1 Für den Teig Mehl, Speisestärke, Kakao und Backpulver mischen und in eine Rührschüssel sieben. Zucker, Vanillin-Zucker, Salz, Eier und Butter oder Margarine dazugeben und in 2 Minuten mit Handrührgerät mit Rührbesen auf höchster Stufe zu einem glatten Teig verarbeiten.

2 Die Schokoladen-Raspel unterrühren. Einen Backrahmen auf ein gefettetes Backblech (30 x 40 cm) stellen, den Teig auf das Blech streichen.

3 Die Birnen auf einem Sieb abtropfen lassen, dabei den Saft auffangen und 50 ml für den Belag abmessen. Die Birnen in feine Spalten schneiden und auf dem Teig verteilen. Das Backblech in den Backofen schieben.

Ober-/Unterhitze:
etwa 180 °C (vorgeheizt)
Heißluft: etwa 160 °C (vorgeheizt)
Gas: Stufe 2–3 (vorgeheizt)
Backzeit: etwa 25 Min.

4 Das Backblech auf einen Kuchenrost stellen, den Boden erkalten lassen.

5 Für den Belag Sahne 1 Minute anschlagen. Puderzucker mit Vanillin-Zucker und Sahnesteif mischen, hinzufügen und die Sahne vollkommen steif schlagen.

6 Schmand mit Birnensaft verrühren, Sahne unterheben und auf dem Boden verteilen. Den Belag mit Hilfe eines Löffels verzieren. Den Backrahmen vorsichtig mit Hilfe eines Messers lösen und entfernen.

7 Puderzucker und Kakao mischen, auf den Kuchen sieben und mit den Schokoladenornamenten garnieren. Kuchen in Stücke schneiden.

Tipp:
Ohne Puderzucker und Kakaopulver ist der Kuchen gefriergeeignet. Maximal 1 Tag vor dem Verzehr zubereiten. Statt Birnen eignen sich auch Aprikosen und Aprikosensaft.

BELIEBT · FÜR KINDER

Götterspeise-Philadelphia-Kuchen

Zubereitungszeit: 60 Min., ohne Zeit zum Festwerden

Insgesamt:
E: 170 g, F: 398 g, Kh: 714 g, kJ: 30857, kcal: 7374

Für die Götterspeise:

- **1 Pck. (2 Beutel) Götterspeise Zitronen-Geschmack**
- **100 g Zucker**
- **750 ml (3/4 l) Wasser oder Apfelsaft**

Für den Teig:

- **125 ml (1/8 l) Speiseöl**
- **125 g Zucker**
- **1 Pck. Vanillin-Zucker**
- **1 Prise Salz**
- **1 Pck. Zitronenschale**
- **2 Eier (Größe M)**
- **225 g Weizenmehl**
- **2 gestr. TL Backpulver**
- **100 ml Milch**

Für den Belag:

- **3 Dosen Mandarinen (Abtropfgewicht je 175 g)**
- **1 Beutel (aus 1 Pck.) Zitronen-Götterspeise**
- **125 g Zucker**
- **300 ml Mandarinensaft**
- **600 g Philadelphia-Käse**
- **500 ml (1/2 l) Schlagsahne**
- **2 Pck. Vanillin-Zucker**

1 Für die Götterspeise Götterspeise mit Zucker und Wasser oder Apfelsaft nach Packungsanleitung zubereiten, in ein flaches Gefäß knapp 1 cm dick ausgießen und fest werden lassen (am besten über Nacht).

2 Für den Teig Öl in eine Rührschüssel geben, Zucker, Vanillin-Zucker, Salz und Zitronenschale hinzufügen, mit Handrührgerät mit Rührbesen schaumig rühren.

3 Eier nach und nach unterrühren (jedes Ei etwa 1/2 Minute). Mehl und Backpulver mischen, sieben und in 2 Portionen unterrühren.

4 Die Milch unterrühren. Einen Backrahmen auf ein gefettetes Backblech (30 x 40 cm) stellen, den Teig darauf streichen. Das Backblech in den Backofen schieben.

Ober-/Unterhitze:
etwa 180 °C (vorgeheizt)
Heißluft: etwa 160 °C (vorgeheizt)
Gas: Stufe 2–3 (vorgeheizt)
Backzeit: etwa 20 Min.

5 Das Backblech auf einen Kuchenrost stellen, den Boden erkalten lassen.

6 Für den Belag Mandarinen auf einem Sieb abtropfen lassen, Saft auffangen.

7 Götterspeise und Zucker in einem kleinen Topf mischen. Mandarinensaft hinzufügen und 10 Minuten quellen lassen. Dann auflösen, abkühlen lassen, bis sie anfängt dicklich zu werden.

8 Käse in einer Rührschüssel verrühren, die dickliche Götterspeise nach und nach unterrühren.

9 Sahne mit Vanillin-Zucker steif schlagen und unter die Creme heben. Die abgetropften Mandarinen unterheben, die Masse auf den Boden streichen und fest werden lassen.

10 Die festgewordene Götterspeise in Würfel schneiden und auf dem Belag verteilen. Den Backrahmen vorsichtig mit einem Messer lösen und entfernen.

Tipp:
Dieser Kuchen kann auch mit Götterspeise Waldmeister-Geschmack und grünen Weintrauben zubereitet werden. Oder aus der festgewordenen Götterspeise Motive, wie z. B. Herzen, Sterne oder ähnliches, ausstechen.

Fruttina-Kokos-Kuchen

Zubereitungszeit: 60 Min., ohne Festwerden lassen

Insgesamt:
E: 122 g, F: 344 g, Kh: 615 g, kJ: 25891, kcal: 6189

Für den Biskuitteig:

- **4 Eier (Größe M)**
- **125 g Zucker**
- **1 Pck. Vanillin-Zucker**
- **etwas gemahlener Zimt**
- **125 g Weizenmehl**
- **25 g Kakaopulver**
- **1 gestr. TL Backpulver**
- **100 g geröstete Kokosraspel**

Für den Belag:

- **600 g Frischkäse**
- **5 EL Zitronensaft**
- **2 Pck. Fruttina Zitrone-Geschmack**
- **150 g Zucker**
- **500 ml (1/2 l) Wasser**
- **500 ml (1/2 l) Schlagsahne**
- **2 Pck. Sahnesteif**

Für den Guss:

- **1 Pck. Fruttina Zitrone-Geschmack**
- **100 g Zucker**
- **500 ml (1/2 l) Wasser**
- **50 g Kokosraspel**

1 Für den Teig Eier mit Handrührgerät mit Rührbesen auf höchster Stufe in 1 Minute schaumig schlagen. Zucker, Vanillin-Zucker und Zimt mischen, in 1 Minute einstreuen, dann noch etwa 2 Minuten schlagen.

2 Mehl mit Kakao und Backpulver mischen, die Hälfte davon auf die Eiercreme sieben, kurz auf niedrigster Stufe unterrühren. Den Rest des Mehlgemisches auf die gleiche Art unterarbeiten. Kokosraspel unterheben. Einen Backrahmen auf ein gefettetes Backblech (30 x 40 cm) stellen, den Teig auf das Backblech streichen. Das Backblech in den Backofen schieben.

Ober-/Unterhitze:
etwa 200 °C (vorgeheizt)
Heißluft: etwa 180 °C (vorgeheizt)
Gas: Stufe 3–4 (vorgeheizt)
Backzeit: etwa 10 Min.

3 Das Backblech auf einen Kuchenrost stellen, die Biskuitplatte erkalten lassen.

4 Für den Belag Frischkäse mit Zitronensaft verrühren. Fruttina mit Zucker in einem kleinen Topf verrühren, mit Wasser anrühren, unter Rühren zum Kochen bringen, gut aufkochen lassen. Sofort mit dem Frischkäse verrühren und abkühlen lassen. Sahne mit Sahnesteif steif schlagen. Sahne unterheben. Die Masse auf der Biskuitplatte verteilen, glatt streichen, fest werden lassen.

5 Für den Guss aus Fruttina, Zucker und Wasser einen Pudding nach Packungsanleitung zubereiten. Pudding etwas abkühlen lassen, auf dem Belag verteilen, fest werden lassen. Mit Kokosraspeln nach Belieben bestreuen. Backrahmen vorsichtig mit Hilfe eines Messers lösen und entfernen.

Tipp:
250 ml (1/4 l) Sahne mit 1 Päckchen Sahnesteif und 2 Esslöffeln Zitronensaft steif schlagen, in einen Spritzbeutel mit Lochtülle geben und den Kuchen nach Belieben verzieren. Mit Zitronenstückchen garnieren.

Russischer Birnenkuchen

Zubereitungszeit: 35 Min., ohne Durchziehzeit
Backzeit: etwa 60 Min.

Insgesamt:
E: 95 g, F: 358 g, Kh: 684 g, kJ: 27878, kcal: 6662

Für den Belag:
- **100 ml Wasser**
- **1 EL Zucker**
- **1 Zimtstange**
- **50 ml Rum**
- **6–8 Birnen**

Für den Rührteig:
- **200 g Butter oder Margarine**
- **200 g Zucker**
- **1 Pck. Vanillin-Zucker**
- **4 Eier (Größe M)**
- **200 g Weizenmehl**
- **2 TL gemahlener Zimt**
- **1 gestr. EL Kakaopulver**
- **2 1/2 gestr. TL Backpulver**
- **125 g gemahlene Haselnusskerne**

Für die Streusel:
- **150 g Weizenmehl**
- **1 Msp. gemahlener Zimt**
- **75 g Zucker**
- **1 Pck. Vanillin-Zucker**
- **100 g weiche Butter**

1 Für den Belag Wasser mit Zucker und Zimtstange aufkochen lassen. Rum unterrühren. Birnen schälen, halbieren und entkernen. Die Birnen mit der Flüssigkeit übergießen und etwa 2 Stunden durchziehen lassen.

2 Für den Rührteig Butter oder Margarine mit Handrührgerät mit Rührbesen auf höchster Stufe geschmeidig rühren. Nach und nach Zucker und Vanillin-Zucker unterrühren, so lange rühren, bis eine gebundene Masse entstanden ist. Eier nach und nach unterrühren (jedes Ei etwa 1/2 Minute).

3 Mehl, Zimt, Kakao und Backpulver mischen, sieben und portionsweise auf mittlerer Stufe unterrühren. Haselnusskerne unterrühren. Den Teig in eine Springform (Ø 26 cm, Boden gefettet) geben und glatt streichen.

4 Die eingelegten Birnen abtropfen lassen, an der gewölbten Seite mehrmals längs einschneiden und mit der Wölbung nach oben auf den Teig legen.

5 Für die Streusel Mehl in eine Rührschüssel sieben und mit Zimt, Zucker und Vanillin-Zucker mischen. Butter hinzufügen und alle Zutaten mit Handrührgerät mit Knethaken zu Streuseln von gewünschter Größe verarbeiten.

6 Die Streusel auf den Birnen verteilen. Die Form auf dem Rost in den Backofen schieben.

Ober-/Unterhitze:
etwa 180 °C (vorgeheizt)
Heißluft: etwa 160 °C (nicht vorgeheizt)
Gas: Stufe 2–3 (nicht vorgeheizt)
Backzeit: etwa 60 Min.

7 Den Kuchen aus der Form lösen und auf einem Kuchenrost erkalten lassen.

Karibischer Rumkuchen

Zubereitungszeit: 40 Min., ohne Trockenzeit
Backzeit: 60–70 Min.

Insgesamt:
E: 101 g, F: 253 g, Kh: 802 g, kJ: 25828, kcal: 6169

Für den Rührteig:

- **150 g Ananasstücke (aus der Dose)**
- **175 g Butter oder Margarine**
- **150 g Zucker**
- **1 Pck. Vanillin-Zucker**
- **1 Prise Salz**
- **1 Pck. Natürliches Jamaika-Rum-Aroma**
- **abgeriebene Schale von 1 Zitrone und ½ Orange (unbehandelt)**
- **5 Eier (Größe M)**
- **250 g Weizenmehl**
- **4 gestr. TL Backpulver**
- **75 g Maismehl**

Zum Tränken:

- **1 EL Orangensaft**
- **1 EL Zitronensaft**
- **2 EL Rum**

Zum Bestreichen:

- **70 g Ananaskonfitüre**
- **1 EL Wasser**

Für die Marzipandecke:

- **200 g Marzipan-Rohmasse**
- **50 g gesiebter Puderzucker**
- **grüne Speisefarbe**
- **gelbe Speisefarbe**

Für den Guss:

- **200 g Puderzucker**
- **2 EL weißer Rum**
- **etwas Eiweiß**

1 Für den Rührteig Ananasstücke auf einem Sieb gut abtropfen lassen.

2 Butter oder Margarine mit Handrührgerät mit Rührbesen auf höchster Stufe geschmeidig rühren. Nach und nach Zucker, Vanillin-Zucker, Salz, Rum-Aroma und Zitronen- und Orangenschale unterrühren, so lange rühren, bis eine gebundene Masse entstanden ist. Eier nach und nach unterrühren (jedes Ei etwa ½ Minute).

3 Mehl mit Backpulver mischen, sieben, mit Maismehl mischen und portionsweise auf mittlerer Stufe unterrühren. Ananasstücke unterheben. Den Teig in eine Springform (Ø 22 cm, Boden gefettet, mit Backpapier belegt) füllen und glatt streichen. Die Form auf dem Rost in den Backofen schieben.

Ober-/Unterhitze: etwa 180 °C (vorgeheizt)
Heißluft: etwa 160 °C (nicht vorgeheizt)
Gas: Stufe 2–3 (nicht vorgeheizt)
Backzeit: 60–70 Min.

4 Den Kuchen aus der Form lösen, auf einen mit Backpapier belegten Kuchenrost stürzen, das mitgebackene Backpapier abziehen und den Kuchen erkalten lassen.

5 Zum Tränken Orangen- und Zitronensaft mit dem Rum mischen. Den Kuchen mit einem Holzstäbchen mehrmals einstechen und mit Hilfe eines Pinsels mit der Saft-Rum-Mischung tränken.

6 Konfitüre durch ein Sieb streichen, mit dem Wasser verrühren und etwas einkochen lassen. Den Kuchen damit bestreichen.

7 Für die Marzipandecke Marzipan-Rohmasse mit dem Puderzucker verkneten. Je 25 g davon mit grüner und gelber Speisefarbe einfärben und in Klarsichtfolie verpackt beiseite legen. Die restliche Marzipanmasse dünn auf Puderzucker oder zwischen Klarsichtfolie ausrollen. Den Kuchen damit umlegen und 1 Tag trocknen lassen.

(Fortsetzung Seite 196)

8 Für den Guss Puderzucker sieben und mit Rum und etwas Eiweiß zu einer dickflüssigen Masse verrühren. Den Kuchen damit überziehen und fest werden lassen.

9 Die eingefärbten Marzipanmassen dünn ausrollen, aus der gelben Ananasstücke, aus der grünen Ananasblätter ausschneiden und den Kuchen damit garnieren.

Tipp:
Nach Belieben die gelben Marzipanstücke mit Ananasstücken aus der Dose belegen.

Glühweinkuchen

Zubereitungszeit: 25 Min., ohne Abkühlzeit
Backzeit: etwa 45 Min.

Insgesamt:
E: 62 g, F: 226 g, Kh: 679 g, kJ: 21563, kcal: 5151

Für den Glühwein:
- **75 ml Rotwein**
- **2 EL Zitronensaft**
- **abgeriebene Schale von ½ Zitrone (unbehandelt)**
- **1–2 Zimtstangen**
- **½ TL Gewürznelken**
- **1 EL Zucker**

Für den Rührteig:
- **200 g weiche Butter**
- **200 g Zucker**
- **1 Pck. Vanillin-Zucker**
- **4 Eier (Größe M)**
- **200 g Weizenmehl**
- **2 gestr. TL Backpulver**
- **100 g fein geriebene Zartbitterschokolade**

- **Semmelbrösel**

Für den Guss:
- **250 g gesiebter Puderzucker**
- **2–3 EL Zitronensaft**

1 Für den Glühwein Rotwein mit Zitronensaft und -schale, Zimtstange, Gewürznelken und Zucker aufkochen lassen. Abkühlen lassen und durch ein Sieb gießen.

2 Für den Rührteig Butter mit Handrührgerät mit Rührbesen auf höchster Stufe geschmeidig rühren. Nach und nach Zucker und Vanillin-Zucker unterrühren, so lange rühren, bis eine gebundene Masse entstanden ist. Eier nach und nach unterrühren (jedes Ei etwa ½ Minute).

3 Mehl mit Backpulver mischen, sieben und portionsweise auf mittlerer Stufe unterrühren. Den Glühwein dazugeben und unterrühren. Die Schokolade unterrühren. Den Teig in eine gefettete, mit Semmelbröseln ausgestreute Napfkuchenform (Ø 22 cm) füllen. Die Form auf dem Rost in den Backofen schieben.

Ober-/Unterhitze:
etwa 180 °C (vorgeheizt)
Heißluft: etwa 160 °C
(nicht vorgeheizt)
Gas: Stufe 2–3 (nicht vorgeheizt)
Backzeit: etwa 45 Min.

4 Den Kuchen in der Form etwa 10 Minuten abkühlen lassen, ihn dann auf einen Kuchenrost stürzen und erkalten lassen.

5 Für den Guss Puderzucker mit Zitronensaft glatt rühren und den Kuchen damit überziehen.

Tipp:
Nach Belieben etwas von dem Guss mit Rotwein verrühren und den übrigen Guss damit besprenkeln.

Sahnige Highlights

Verführung pur, der so leicht niemand widerstehen kann. Also schwelgen Sie mit!

After-Eight-Torte

Zubereitungszeit: 75 Min., ohne Kühlzeit
Backzeit: etwa 25 Min.

Insgesamt:
E: 106 g, F: 552 g, Kh: 593 g, kJ: 34640, kcal: 8271

Für die After-Eight-Sahne:
- **2 Pck. (à 200 g) After Eight**
- **750 ml (3/4 l) Schlagsahne**
- **3 Pck. Sahnesteif**

Für den Teig:
- **80 g weiche Butter oder Margarine**
- **80 g Zucker**
- **5 Eigelb (Größe M)**
- **1 EL Rum**
- **100 g geraspelte Zartbitter-Schokolade**
- **200 g abgezogene, gemahlene Mandeln**
- **1 TL Backpulver**
- **5 Eiweiß (Größe M)**

- **100 ml Schlagsahne**

1 Für die After-Eight-Sahne die Täfelchen (8 Stück zurücklassen) mit der Sahne aufkochen und über Nacht kalt stellen.

2 Für den Teig Butter oder Margarine und Zucker mit Handrührgerät mit Rührbesen schaumig rühren. Eigelb nach und nach unterrühren (jedes Eigelb knapp 1/2 Minute). Rum unterrühren.

3 Schokolade mit Mandeln und Backpulver mischen und unterrühren. Eiweiß steif schlagen und in 2 Portionen locker unterheben.

4 Den Teig in eine Springform (Ø 28 cm, Boden gefettet, mit Backpapier belegt) streichen. Die Form auf dem Rost in den Backofen schieben.

Ober-/Unterhitze:
etwa 180 °C (vorgeheizt)
Heißluft: etwa 160 °C (vorgeheizt)
Gas: Stufe 2–3 (vorgeheizt)
Backzeit: etwa 25 Min.

(Fortsetzung Seite 200)

5 Den Tortenboden aus der Form lösen, das Backpapier abziehen und den Boden auf einem Kuchenrost erkalten lassen.

6 Die After-Eight-Sahne mit Sahnesteif steif schlagen. Die Masse leicht kuppelartig auf den Tortenboden streichen.

7 Sahne steif schlagen, in einen Spritzbeutel mit Sterntülle füllen. Torte mit Sahneschleifen verzieren, mit After-Eight-Täfelchen garnieren, gut gekühlt servieren.

Ritter-Rum-Torte

Zubereitungszeit: 20 Min.
Backzeit: etwa 25 Min.

Insgesamt:
E: 57 g, F: 232 g, Kh: 280 g, kJ: 15216, kcal: 3637

Für den Rührteig:

- **75 g weiche Butter oder Margarine**
- **100 g Zucker**
- **1 Pck. Vanillin-Zucker**
- **1 Prise Salz**
- **4 Eier (Größe M)**
- **150 g Weizenmehl**
- **3 gestr. TL Backpulver**
- **1 EL Kakaopulver**
- **2 EL Rum**
- **4 Ritter RUM „Knusperstücke"**

Für die Glasur:

- **1 Pck. (150 g) Kuchenglasur, dunkel**

Zum Garnieren:

- **8 Ritter RUM „Knusperstücke"**

1 Für den Teig Butter oder Margarine mit Handrührgerät mit Rührbesen auf höchster Stufe geschmeidig rühren. Zucker, Vanillin-Zucker und Salz unterrühren, so lange rühren, bis eine gebundene Masse entstanden ist. Eier nach und nach unterrühren (jedes Ei etwa 1/2 Minute).

2 Das Mehl mit Backpulver und Kakaopulver mischen, sieben und portionsweise auf mittlerer Stufe unterrühren. Zuletzt den Rum unterrühren. Den gefetteten Boden einer Springform (Ø 26 cm) mit etwas Teig bedecken.

3 Die Ritter RUM „Knusperstücke" halbieren, gleichmäßig auf dem Teig verteilen und den restlichen Teig darüber geben. Die Form auf dem Rost in den Backofen schieben.

Ober-/Unterhitze:
etwa 180 °C (vorgeheizt)
Heißluft: 160 °C (vorgeheizt)
Gas: etwa Stufe 2–3 (vorgeheizt)
Backzeit: etwa 25 Min.

4 Den Kuchen aus der Form lösen und auf einem Kuchenrost erkalten lassen.

5 Kuchenglasur in einem Topf im Wasserbad bei schwacher Hitze geschmeidig rühren und mit einem Messer über dem Kuchen verstreichen.

6 Zum Garnieren die Ritter RUM „Knusperstücke" diagonal durchschneiden und auf die noch feuchte Glasur setzen. Torte kalt stellen.

Dänische Saverrahmtorte

Zubereitungszeit: 40 Min., ohne Kühlzeit
Backzeit: etwa 10 Min.

Insgesamt:
E: 63 g, F: 405 g, Kh: 555 g, kJ: 26269, kcal: 6277

Für den Knetteig:
- **150 g Weizenmehl**
- **50 g Zucker**
- **100 g Butter**

- **2 EL Aprikosenkonfitüre**

- **je 1 heller und dunkler, etwa 1 cm dicker Biskuitboden (fertig gekauft)**

Für die Füllung:
- **6 Blatt weiße Gelatine**
- **400 g Schmand**
- **Saft von 1 Zitrone**
- **150 g Zucker**
- **500 ml (1/2 l) Schlagsahne**
- **1 Dose Mandarinen (Abtropfgewicht 175 g)**
- **1 kleine Dose Aprikosen (Abtropfgewicht 240 g)**

Zum Verzieren:
- **250 ml (1/4 l) Schlagsahne**
- **1 Pck. Vanillin-Zucker**

1 Für den Knetteig Mehl in eine Rührschüssel sieben. Zucker und Butter hinzufügen. Die Zutaten mit Handrührgerät mit Knethaken zunächst kurz auf niedrigster, dann auf höchster Stufe gut durcharbeiten.

2 Anschließend auf der bemehlten Arbeitsfläche zu einem glatten Teig verkneten, sollte er kleben, ihn eine Zeit lang kalt stellen. Den Teig auf einem gefetteten Springformboden (Ø 26 cm) ausrollen und mehrmals mit einer Gabel einstechen. Den Springformrand um den Boden legen. Die Form auf dem Rost in den Backofen schieben.

Ober-/Unterhitze:
etwa 200 °C (vorgeheizt)
Heißluft: etwa 180 °C (vorgeheizt)
Gas: Stufe 3–4 (vorgeheizt)
Backzeit: etwa 10 Min.

3 Den Tortenboden aus der Form lösen und auf einem Kuchenrost erkalten lassen.

4 Den Tortenboden mit Aprikosenkonfitüre bestreichen und mit dem hellen Biskuitboden bedecken. Einen Tortenring um den Boden legen.

5 Für die Füllung Gelatine in wenig kaltem Wasser einweichen. Schmand mit Zitronensaft und Zucker verrühren. Gelatine gründlich ausdrücken, auflösen und unterrühren. Wenn die Masse anfängt zu gelieren, Sahne steif schlagen und unterheben.

6 Die Hälfte der Creme auf dem hellen Biskuitboden verteilen, den dunklen Biskuitboden darauf legen.

7 Mandarinen und Aprikosen auf einem Sieb abtropfen lassen, einige zum Garnieren zurücklassen und die restlichen auf dem Boden verteilen. Die restliche Creme darauf geben und glatt streichen. Die Torte etwa 3 Stunden kalt stellen.

8 Den Tortenring entfernen. Sahne mit Vanillin-Zucker steif schlagen, in einen Spritzbeutel mit Sterntülle füllen. Die Tortenoberfläche mit Sahne verzieren und mit den zurückgelassenen Mandarinen und in Spalten geschnittenen Aprikosen garnieren.

Tipp:
Schmand ist ein 20-24%iger Sauerrahm.

Mini-Windbeutel-Torte

Zubereitungszeit: 20 Min., ohne Kühlzeit
Backzeit: etwa 15 Min.

Insgesamt:
E: 53 g, F: 271 g, Kh: 343 g, kJ: 17376, kcal: 4154

Für die Schokosahne:

- **400 ml Schlagsahne**
- **100 g Vollmilchschokolade**
- **2 Pck. Sahnesteif**

Für den Knetteig:

- **150 g Weizenmehl**
- **½ gestr. TL Backpulver**
- **75 g Zucker**
- **1 Pck. Vanillin-Zucker**
- **1 Prise Salz**
- **1 Ei (Größe M)**
- **75 g weiche Butter oder Margarine**

Zum Bestreichen:

- **2 EL Himbeerkonfitüre**

Für den Belag:

- **18 TK-Mini-Windbeutel**

Zum Bestäuben:

- **1 TL Puderzucker**
- **1 TL Kakaopulver**

1 Für die Schokosahne die Sahne zum Kochen bringen und die zerkleinerte Schokolade unter Rühren darin auflösen. Zugedeckt kalt stellen (am besten über Nacht).

2 Für den Teig Mehl mit Backpulver mischen, in eine Rührschüssel sieben. Zucker, Vanillin-Zucker, Salz, Ei und Butter oder Margarine hinzufügen. Die Zutaten mit Handrührgerät mit Knethaken zunächst kurz auf niedrigster, dann auf höchster Stufe gut durcharbeiten.

3 Anschließend auf einer bemehlten Arbeitsfläche zu einem glatten Teig verkneten. Sollte er kleben, ihn eine Zeit lang kalt stellen. Den Teig auf einem gefetteten Springformboden (Ø 26 cm) ausrollen und mehrmals mit einer Gabel einstechen. Springformrand um den Boden legen. Die Form auf dem Rost in den Backofen schieben.

Ober-/Unterhitze:
etwa 200 °C (vorgeheizt)
Heißluft: etwa 180 °C (vorgeheizt)
Gas: Stufe 3–4 (vorgeheizt)
Backzeit: etwa 15 Min.

4 Den Knetteigboden sofort nach dem Backen vom Springformboden lösen, aber erst nach dem Erkalten auf eine Tortenplatte legen. Mit Himbeerkonfitüre bestreichen.

5 Für den Belag die Mini-Windbeutel dicht aneinander auf den Rand des Knetteigbodens setzen.

6 Schokosahne mit Sahnesteif steif schlagen, in einen Spritzbeutel mit großer Lochtülle füllen und hohe und breite Tuffs dicht aneinander auf den Boden innerhalb des Mini-Windbeutel-Rings spritzen. Torte etwa 1 Stunde kalt stellen.

7 Vor dem Servieren Mini-Windbeutel mit Puderzucker und die Schokosahne mit Kakaopulver bestäuben.

Tipp:
Anstelle der Vollmilchschokolade Zartbitterschokolade verwenden und die Sahne zusätzlich mit etwas Rum abschmecken.
Schneller geht es mit der Schokosahne, wenn nur 200 ml der Sahne aufgekocht werden, darin die Schokolade aufgelöst wird und dann die restliche Sahne zugefügt wird. Dann muss die Sahne nur noch etwa 2 Stunden kalt gestellt werden.

Chococrossies-Torte

Zubereitungszeit: 30 Min.
Backzeit: etwa 50 Min.

Insgesamt:
E: 73 g, F: 267 g, Kh: 388 g, kJ: 18325, kcal: 4379

Für den Biskuitteig:
- **2 Eier (Größe M)**
- **2 EL heißes Wasser**
- **80 g Zucker**
- **1 Pck. Vanillin-Zucker**
- **80 g Weizenmehl**
- **½ gestr. TL Backpulver**

Für den Rührteig:
- **50 g weiche Butter oder Margarine**
- **50 g Zucker**
- **1 Pck. Vanillin-Zucker**
- **2 Eier (Größe M)**
- **70 g Weizenmehl**
- **1 Msp. Backpulver**

Für den Belag:
- **20 g Cornflakes**
- **50 g Chococrossies, zerstoßen**

Für die Füllung:
- **500 ml (½ l) Schlagsahne**
- **2 Pck. Sahnesteif**
- **1 Pck. Vanillin-Zucker**
- **80 g Chococrossies, zerstoßen**

- **12 Chococrossies**

1 Für den Biskuitteig Eier und Wasser mit Handrührgerät mit Rührbesen auf höchster Stufe in 1 Minute schaumig schlagen. Zucker mit Vanillin-Zucker mischen, in 1 Minute einstreuen, dann noch etwa 2 Minuten schlagen.

2 Mehl und Backpulver mischen, die Hälfte davon auf die Eiercreme sieben und kurz auf niedrigster Stufe unterrühren. Den Rest des Mehlgemisches auf die gleiche Weise unterarbeiten. Den Teig in eine Springform (Ø 26 cm, Boden gefettet, mit Backpapier belegt) füllen. Die Form auf dem Rost in den Backofen schieben.

Ober-/Unterhitze:
etwa 180 °C (vorgeheizt)
Heißluft: etwa 160 °C (vorgeheizt)
Gas: Stufe 2–3 (vorgeheizt)
Backzeit: etwa 25 Min.

3 Den Boden aus der Form lösen, auf einen Kuchenrost stürzen, das Backpapier entfernen und den Boden erkalten lassen.

4 Für den Rührteig Butter oder Margarine mit Handrührgerät mit Rührbesen auf höchster Stufe geschmeidig rühren. Nach und nach Zucker und Vanillin-Zucker unterrühren, so lange rühren, bis eine gebundene Masse entstanden ist. Eier nach und nach unterrühren (jedes Ei etwa ½ Minute).

5 Mehl mit Backpulver mischen, sieben, portionsweise auf mittlerer Stufe unterrühren. Den Teig in eine Springform (Ø 26 cm, Boden gefettet) füllen, glatt streichen.

6 Für den Belag Cornflakes und Chococrossies mischen, auf den Teig streuen. Die Form auf dem Rost in den Backofen schieben.

Ober-/Unterhitze:
etwa 180 °C (vorgeheizt)
Heißluft: etwa 160 °C (vorgeheizt)
Gas: Stufe 2–3 (vorgeheizt)
Backzeit: etwa 25 Min.

7 Den Boden aus der Form lösen, sofort in 12 Tortenstücke schneiden und erkalten lassen.

8 Für die Füllung Sahne mit Sahnesteif und Vanillin-Zucker steif schlagen, Chococrossies unterheben. Gut 2 Esslöffel von der Sahnemasse in einen Spritzbeutel mit glatter Tülle füllen, die restliche Masse auf den Biskuitboden streichen, mit den Rührteigbodenstücken belegen.

9 Die Torte mit der restlichen Sahne verzieren und mit den Chococrossies garnieren.

Jaffa-Cake-Torte

Zubereitungszeit: 60 Min., ohne Kühlzeit
Backzeit: etwa 25 Min.

Insgesamt:
E: 78 g, F: 201 g, Kh: 413 g, kJ: 16284, kcal: 3892

Für den Biskuitteig:

- **2 Eier (Größe M)**
- **2 EL heißes Wasser**
- **100 g Zucker**
- **1 Pck. Vanillin-Zucker**
- **50 g Weizenmehl**
- **50 g Speisestärke**
- **1 gestr. TL Backpulver**

Für die Füllung:

- **1 Pck. Tortenguss, klar**
- **20 g Zucker**
- **200 ml Orangensaft**
- **50 g Orangenmarmelade**

Für den Belag:

- **6 Blatt weiße Gelatine**
- **250 g Speisequark (20 % Fett i.Tr.)**
- **50 g Schmand (Sauerrahm)**
- **75 g Zucker**
- **500 ml (1/2 l) Schlagsahne**
- **8–10 Jaffa-Cakes (Eiergebäck mit Orangenfruchtfüllung und Schokolade)**

Für den Guss:

- **100 g Zartbitterschokolade**
- **125 ml (1/8 l) Schlagsahne**

- **125 ml (1/8 l) Schlagsahne**
- **12 Jaffa-Cake-Hälften**

1 Für den Biskuitteig Eier und Wasser mit Handrührgerät mit Rührbesen auf höchster Stufe in 1 Minute schaumig schlagen. Zucker mit Vanillin-Zucker mischen, in 1 Minute einstreuen, dann noch etwa 2 Minuten schlagen.

2 Mehl, Speisestärke und Backpulver mischen, die Hälfte davon auf die Eiercreme sieben und kurz auf niedrigster Stufe unterrühren. Den Rest des Mehlgemisches auf dieselbe Weise unterarbeiten.

3 Den Teig in eine Springform (Ø 26 cm, Boden gefettet, mit Backpapier belegt) füllen. Die Form auf dem Rost in den Backofen schieben und sofort backen.

Ober-/Unterhitze: etwa 180 °C (vorgeheizt)
Heißluft: etwa 160 °C (vorgeheizt)
Gas: Stufe 2–3 (vorgeheizt)
Backzeit: etwa 25 Min.

4 Den Boden aus der Form lösen, auf einen Kuchenrost stürzen, das Backpapier abziehen und den Boden erkalten lassen. Den erkalteten Boden einmal waagerecht durchschneiden. Den unteren Boden auf eine Tortenplatte legen und einen Tortenring darumstellen.

5 Für die Füllung Tortenguss nach Packungsaufschrift – aber mit den hier angegebenen Zutaten – zubereiten und die Orangenmarmelade unterrühren.

6 Den Guss etwas abkühlen lassen, ihn dann von der Mitte aus gleichmäßig auf dem unteren Boden verteilen. Den oberen Boden darauf legen und etwas andrücken.

7 Für den Belag Gelatine nach Packungsaufschrift einweichen. Quark mit Schmand und Zucker verrühren. Die Gelatine ausdrücken, auflösen und unter die Quarkmasse rühren. Sahne steif schlagen und unterheben. Die Hälfte der Quark-Sahne-Masse auf den Boden streichen.

8 Einen Kreis aus Jaffa-Cakes mit der Schokoladenseite nach unten etwa 1 cm vom Rand entfernt darauf legen. Die restliche Quark-Sahne-Masse darauf geben und glatt streichen. Die Torte im Kühlschrank fest werden lassen.

(Fortsetzung Seite 210)

9 Für den Guss Schokolade grob zerkleinern und in einem kleinen Topf im Wasserbad bei schwacher Hitze zu einer geschmeidigen Masse verrühren. Die Sahne tropfenweise unterrühren. Den Guss auf die Tortenoberfläche gießen und verstreichen. Die Torte nochmals kalt stellen, bis der Guss fest geworden ist.

10 Den Tortenring entfernen. Sahne steif schlagen und in einen Spritzbeutel mit Sterntülle geben. Die Torte damit verzieren und mit den Jaffa-Cake-Hälften garnieren.

Tipp:
Nach Belieben die Jaffa-Cakes in dem Belag mit Orangensaft oder Grand Marnier beträufeln.

Lambadaschnitten

Zubereitungszeit: 30 Min.
Backzeit: etwa 10 Min.

Insgesamt:
E: 57 g, F: 172 g, Kh: 511 g, kJ: 16447, kcal: 3935

Für den Biskuitteig:
- **4 Eier (Größe M)**
- **4 EL heißes Wasser**
- **150 g Zucker**
- **1 Pck. Vanillin-Zucker**
- **80 g Weizenmehl**
- **80 g Speisestärke**
- **2½ gestr. TL Backpulver**

- **150 ml Orangensaft**

Für die Orangencreme:
- **2 Pck. Pudding-Pulver Vanille-Geschmack**
- **50 g Zucker**
- **850 ml Orangensaft**

- **400–500 ml Schlagsahne**
- **Schokoladenornamente**

1 Für den Biskuitteig Eier und Wasser mit Handrührgerät mit Rührbesen auf höchster Stufe in 1 Minute schaumig schlagen. Zucker mit Vanillin-Zucker mischen, in 1 Minute einstreuen, dann noch etwa 2 Minuten schlagen.

2 Mehl, Speisestärke und Backpulver mischen, die Hälfte davon auf die Eiercreme sieben und kurz auf niedrigster Stufe unterrühren. Den Rest des Mehlgemisches auf dieselbe Weise unterarbeiten.

3 Den Teig auf ein gefettetes, bemehltes Backblech (30 x 40 cm) streichen. Das Backblech in den Backofen schieben.

Ober-/Unterhitze:
200–220 °C (vorgeheizt)
Heißluft: 180–200 °C (vorgeheizt)
Gas: etwa Stufe 4 (vorgeheizt)
Backzeit: etwa 10 Min.

4 Den Biskuit sofort mit Orangensaft tränken und auf dem Blech erkalten lassen.

5 Für die Orangencreme aus Pudding-Pulver, Zucker und Orangensaft nach Packungsaufschrift – aber mit den hier angegebenen Zutaten – einen Pudding zubereiten, ihn noch warm auf den Biskuitboden streichen und erkalten lassen.

6 Die Sahne steif schlagen, auf den Pudding streichen und mit Schokoladenornamenten garnieren.

"Daim"-Walnuss-Torte

Zubereitungszeit: 60 Min.
Backzeit: etwa 30 Min.

Insgesamt:
E: 96 g, F: 314 g, Kh: 494 g, kJ: 22481, kcal: 5372

Für den Biskuitteig:

- **5 Eigelb (Größe M)**
- **5 EL heißes Wasser**
- **175 g Zucker**
- **5 Eiweiß (Größe M)**
- **1 Prise Salz**
- **150 g Weizenmehl**
- **2 gestr. TL Backpulver**
- **100 g gehackte Walnusskerne**

Für die Füllung:

- **4 Blatt weiße Gelatine**
- **400 ml Schlagsahne**
- **4 Riegel „Daim" (à 28 g)**
- **2 EL Orangenmarmelade**
- **4 EL gemahlene Riegel „Daim"**

- **200 ml Schlagsahne**
- **1 Pck. Sahnesteif**
- **2 Riegel „Daim" (à 28 g)**
- **8 Walnusskernhälften**

1 Für den Biskuitteig Eigelb mit Wasser und Zucker mit Handrührgerät mit Rührbesen auf höchster Stufe weißschaumig schlagen. Eiweiß mit Salz sehr steif schlagen und unterheben.

2 Mehl mit Backpulver mischen, die Hälfte davon auf die Eiercreme sieben und kurz auf niedrigster Stufe unterrühren. Den Rest des Mehlgemisches auf dieselbe Weise unterarbeiten. Die Walnusskerne unterrühren.

3 Den Teig in eine Springform (Ø 26 cm, Boden gefettet, mit Backpapier belegt) füllen. Die Form auf dem Rost in den Backofen schieben und sofort backen.

Ober-/Unterhitze:
etwa 180 °C (vorgeheizt)
Heißluft: etwa 160 °C (vorgeheizt)
Gas: etwa Stufe 3 (vorgeheizt)
Backzeit: etwa 30 Min.

4 Den Boden aus der Form lösen, auf einen Kuchenrost stürzen und erkalten lassen. Das Backpapier abziehen und den Boden zweimal waagerecht durchschneiden.

5 Für die Füllung Gelatine nach Packungsaufschrift einweichen. Sahne fast steif schlagen. Gelatine ausdrücken, auflösen und unter die Sahne rühren. Die Sahne vollkommen steif schlagen.

6 Die „Daim"-Riegel hacken und unter die Sahnemasse geben. Den unteren Biskuitboden mit der Hälfte der „Daim"-Sahne-Masse bestreichen, den zweiten Boden darauf legen, mit der restlichen „Daim"-Sahne-Masse bestreichen und den dritten Boden darauf legen.

7 Orangenmarmelade durch ein Sieb streichen und auf den oberen Boden streichen, mit den gemahlenen „Daim"-Riegeln bestreuen, mit einem Löffel etwas andrücken und die Torte in 16 Stücke teilen.

8 Sahne mit Sahnesteif steif schlagen. Den Rand der Torte mit etwas von der Sahne bestreichen, die restliche Sahne in einen Spritzbeutel füllen und die Tortenoberfläche damit verzieren. Die Torte mit geviertelten „Daim"-Riegeln und Walnusskernhälften garnieren.

Tipp:
Nach Belieben die Walnusskernhälften zum Garnieren karamellisieren.

Maulwurfshügel mit Maulwurf*

Zubereitungszeit: 40 Min.
Backzeit: etwa 45 Min.

Insgesamt:
E: 142 g, F: 409 g, Kh: 781 g, kJ: 31955, kcal: 7637

Für den Schüttelkuchenteig:
- **300 g Weizenmehl**
- **3 gestr. TL Backpulver**
- **75 g Kakaopulver**
- **250 g gesiebter Puderzucker**
- **150 ml Orangensaft**
- **1 Pck. Finesse Orangenfrucht**
- **150 ml Coca-Cola**
- **200 g zerlassene, abgekühlte Butter**
- **4 Eier (Größe M)**

Für die Füllung:
- **3 Becher (je 150 g) Götterspeise Waldmeister-Geschmack**
- **500 ml (1/2 l) Schlagsahne**
- **1 Pck. Sahnesteif**
- **1 Pck. Vanillin-Zucker**

Für den Guss:
- **100 g gesiebter Puderzucker**
- **2–3 EL Coca-Cola**

Zum Garnieren:
- **3 Mikado-Schokostäbchen**
- **1 EL Puderzucker**
- **1 TL Wasser oder Zitronensaft**
- **bunte Schokolinsen**

1 Für den Teig Mehl, Backpulver und Kakao mischen, mit den anderen Zutaten in einen Schüttelbecher (1,7 l) oder eine verschließbare Schüssel geben, verschließen und mehrfach gut schütteln, so dass alle Zutaten gut vermischt sind (evtl. nochmals mit einem Schneebesen durchrühren).

2 2 Teelöffel des Teiges in 1 Papierbackförmchen (dreifach ineinander gestellt) füllen. Den restlichen Teig in eine Springform (Ø 26 cm, Boden gefettet, mit Backpapier belegt) füllen und glatt streichen. Springform und Papierbackförmchen auf dem Rost in den Backofen schieben.

Ober-/Unterhitze:
etwa 180 °C (vorgeheizt)
Heißluft: etwa 160 °C
(nicht vorgeheizt)
Gas: Stufe 2–3 (nicht vorgeheizt)
Backzeit für die Springform: etwa 45 Min.
Backzeit für das Papierbackförmchen: etwa 20 Min.

3 Den Boden aus der Form lösen und auf einem mit Backpapier belegten Kuchenrost erkalten lassen. Das Muffin im Papierbackförmchen auf einem Kuchenrost erkalten lassen.

4 Den Boden einmal waagerecht so durchschneiden, dass der obere Boden nur halb so hoch wie der untere ist. Vom oberen Boden einen 2 cm breiten Rand abschneiden und zerbröseln, den unteren Boden 1/2 cm tief aushöhlen und das Ausgehöhlte ebenfalls zerbröseln. Alle Brösel beiseite stellen.

5 Für die Füllung gut gekühlte Götterspeise aus den Bechern stürzen und in Würfel schneiden (einige Würfel zum Garnieren beiseite stellen). Sahne mit Sahnesteif und Vanillin-Zucker steif schlagen, 2 Esslöffel davon beiseite stellen und Götterspeisewürfel unter die übrige Sahne heben. Auch die Hälfte der Brösel unterheben. Sahnemasse auf dem unteren Boden bergartig verstreichen und den oberen Boden auflegen.

6 Für den Guss Puderzucker mit Coca-Cola zu einer dünnflüssigen Masse verrühren und mit Hilfe eines Pinsel auf dem oberen Boden verstreichen. Restliche Brösel darauf streuen. Restliche Sahne als Hügel auf den Boden geben und die zurückgelassenen Götterspeisewürfel über die gesamte Torte verteilen.

7 Zum Garnieren das Papierbackförmchen vom Muffin entfernen,

(Fortsetzung Seite 216)

Mikado-Stäbchen abbrechen und die Spitzen wie „Haare“ in das Muffin stecken. Puderzucker mit Wasser oder Zitronensaft verrühren und Schokolinsen als „Augen“ und „Nase“ auf die Muffinoberfläche kleben.

8 Muffin als „Maulwurf“ auf den Sahnehügel legen und Torte bis zum Servieren kalt stellen.

■ **Tipp:**
Bereiten Sie den Maulwurfshügel doch auch einmal mit jeweils einem Becher roter, gelber und grüner Götterspeise zu.

* Rezept nicht durch Coca-Cola autorisiert.

Sunshine-Torte

Zubereitungszeit: 20 Min., ohne Kühlzeit
Backzeit: 15–20 Min.

Insgesamt:
E: 50 g, F: 259 g, Kh: 375 g, kJ: 17399, kcal: 4159

Für den All-in-Teig:

- **100 g Weizenmehl**
- **2 gestr. TL Backpulver**
- **100 g Zucker**
- **1 Pck. Vanillin-Zucker**
- **3 Eier (Größe M)**
- **100 g Butter oder Margarine**

Für den Belag:

- **1 Dose Pfirsichhälften (Abtropfgewicht 500 g)**
- **500 ml (1/2 l) Schlagsahne**
- **1 Pck. Sahnesteif**
- **1 Pck. Vanillin-Zucker**

Für den Guss:

- **275 ml Pfirsich-Maracujasaft oder Multivitaminsaft**
- **1 Pck. Galetta Vanille-Cremepulver**
- **1 Pck. Saucenpulver Vanille-Geschmack ohne Kochen**

1 Für den Teig Mehl und Backpulver mischen, in eine Rührschüssel sieben. Restliche Zutaten hinzufügen und mit Handrührgerät mit Rührbesen in etwa 1 Minute schaumig rühren. Den Teig in eine Springform (Ø 26 cm, Boden gefettet, mit Backpapier belegt) füllen, glatt streichen. Die Form auf dem Rost in den Backofen schieben.

Ober-/Unterhitze:
etwa 200 °C (vorgeheizt)
Heißluft: etwa 180 °C (vorgeheizt)
Gas: Stufe 3–4 (vorgeheizt)
Backzeit: 15–20 Min.

2 Den Boden aus der Form lösen, auf einen mit Backpapier belegten Kuchenrost stürzen. Backpapier entfernen und Boden erkalten lassen.

3 Für den Belag die Pfirsiche sehr gut abtropfen lassen und dann in kleine Stückchen schneiden. Sahne mit Sahnesteif und Vanillin-Zucker steif schlagen. Pfirsichstücke unterheben.

4 Die Creme kuppelartig auf den Boden streichen und kalt stellen.

5 Für den Guss Saft, Cremepulver und Saucenpulver nach Packungsanleitung – aber nur mit 275 ml Saft – mit dem Schneebesen gut verrühren, 5 Minuten stehen lassen, über die Sahnekuppel geben und nochmals kalt stellen.

■ **Tipp:**
Sie können auch den Saft der abgetropften Pfirsiche nehmen, allerdings ist Pfirsich-Maracujasaft oder Multivitaminsaft kräftiger in der Farbe und aromatischer.
Nach Belieben den Tortenrand mit gebräunten Mandelblättchen garnieren.

Cappuccino-Joghurt-Torte

Zubereitungszeit: 60 Min., ohne Kühlzeit
Backzeit: etwa 30 Min.

Insgesamt:
E: 76 g, F: 228 g, Kh: 475 g, kJ: 18256, kcal: 4364

Für den Biskuitteig:

- **3 Eier (Größe M)**
- **3–4 EL heißes Wasser**
- **125 g Zucker**
- **1 Pck. Vanillin-Zucker**
- **60 g Weizenmehl**
- **60 g Speisestärke**
- **1 gestr. TL Backpulver**

Für die Füllung:

- **2 Beutel (à 10 g) Cappuccino-Pulver**
- **3 EL heißes Wasser**
- **9 Blatt weiße Gelatine**
- **500 g Vollmilchjoghurt**
- **150 g Zucker**
- **500 ml (1/2 l) Schlagsahne**

- **100 g Mokka-Sahne-Schokolade (hell und dunkel gestreift)**

1 Für den Biskuitteig Eier und Wasser mit Handrührgerät mit Rührbesen auf höchster Stufe in 1 Minute schaumig schlagen. Zucker mit Vanillin-Zucker mischen, in 1 Minute einstreuen, dann noch etwa 2 Minuten schlagen.

2 Mehl, Speisestärke und Backpulver mischen, die Hälfte davon auf die Eiercreme sieben und kurz auf niedrigster Stufe unterrühren. Den Rest des Mehlgemisches auf dieselbe Weise unterarbeiten.

3 Den Teig in eine Springform (Ø 26 cm, Boden gefettet, mit Backpapier belegt) füllen. Die Form auf dem Rost in den Backofen schieben und sofort backen.

Ober-/Unterhitze:
etwa 180 °C (vorgeheizt)
Heißluft: etwa 160 °C (vorgeheizt)
Gas: Stufe 2–3 (vorgeheizt)
Backzeit: etwa 30 Min.

4 Den Boden aus der Form lösen, auf einen Kuchenrost stürzen, das Backpapier abziehen und den Boden erkalten lassen. Den erkalteten Boden einmal waagerecht durchschneiden. Den gesäuberten Springformrand oder einen Tortenring um den unteren Boden legen.

5 Für die Füllung Cappuccino-Pulver mit dem Wasser verrühren und erkalten lassen. Gelatine nach Packungsaufschrift einweichen. Joghurt mit Zucker und Cappuccino verrühren. Die Gelatine ausdrücken, auflösen und unter die Joghurtmasse rühren.

6 Wenn die Masse anfängt dicklich zu werden, Sahne steif schlagen und unterrühren. Die Hälfte davon auf den unteren Boden streichen, den oberen Boden darauf legen, die restliche Joghurt-Sahne-Masse darauf streichen und etwas wellenförmig verzieren. Die Torte etwa 2 Stunden im Kühlschrank fest werden lassen.

7 Den Springformrand (Tortenring) entfernen. Die Hälfte der Schokolade reiben, die restliche Schokolade mit einem Sparschäler oder einem kleinen Messer zu Röllchen schaben. Den Tortenrand mit geriebener Schokolade bestreuen.

8 Die Tortenoberfläche mit Hilfe von Papierstreifen mit der restlichen geriebenen Schokolade und der geschabten Schokolade garnieren.

Kapitelregister

Freche Früchtchen

Hits für Kids

Torten mit Schwips

Kapitelregister

Alphabetisches Register

A/B

C/D

E/F

G/H/J

K/L/M

Alphabetisches Register

Umwelthinweis Dieses Buch wurde auf chlorfrei gebleichtem Papier gedruckt. Die Einschrumpffolie – zum Schutz vor Verschmutzung – ist aus umweltfreundlicher und recyclingfähiger PE-Folie.

Bei den in diesem Buch verwendeten Torten-Namen handelt es sich z. T. um eingetragene Marken.

Wenn Sie Fragen oder Vorschläge zu unseren Büchern oder Rezeptanregungen haben, rufen Sie uns an (0521) 52 06 58 oder schreiben Sie uns:
Dr. Oetker Verlag KG, Am Bach 11, 33602 Bielefeld

Wir danken für die freundliche Unterstützung

Redaktion Jasmin Gromzik, Miriam Krampitz

Titelfoto Thomas Diercks, Hamburg

Innenfotos Brigitte Wegner, Bielefeld
Thomas Diercks, Hamburg
Kramp & Gölling, Hamburg
Bernd Lippert, Bielefeld

Grafisches Konzept Björn Carstensen, Hamburg
Gestaltung und Satz MDH Haselhorst, Bielefeld
Einbandgestaltung Kontur Design GmbH, Bielefeld

Reproduktionen Mohn Media, Gütersloh

Druck Mohn Media, Gütersloh

ISBN 3–7670–554-9